Kartoffel Kochbuch

100 einfache und köstliche

Kartoffel Rezepte

Martina Kahl

ISBN: 9798697480984

Inhalt

Einleitung

Kaum ein Nahrungsmittel hat für die menschliche Ernährung eine ähnliche Bedeutung wie die Kartoffel. Sie ist als billiges und sättigendes Nahrungsmittel aus dem Speisezettel nicht mehr wegzudenken. Besonders im gemüsearmen Winter ist sie durch ihre vielseitige Verwendungsmöglichkeit und ihren hohen Gehalt an Nährstoffen sehr beliebt. Sie enthält bei schonender Zubereitung wertvolle Mineralstoffe, Eiweiß, Vitamine und reichlich Stärke. Da sich Eiweiß, Vitamine und Mineralstoffe aber hauptsächlich dicht unter der Schale befinden, sollen Kartoffeln möglichst mit der Schale zubereitet, und zwar mehr gedämpft als gekocht werden. Im Allgemeinen werden mehlige Kartoffeln bevorzugt. Nur für Kartoffelsalat und Bratkartoffeln verwendet man die mehr speckigen Sorten. Wer den entsprechenden Kellerraum zur Verfügung hat, lagert sich die Kartoffeln im Herbst am besten selber ein. Sie müssen dazu aber trocken sein und luftig und frostfrei in das Lager kommen. Nach Möglichkeit verwendet man Kisten oder Kartoffelhorden.

Geschichte der Kartoffel

Das Gold der Inkas! Die Kartoffel (Solanum tuberosum) kommt ursprünglich aus Sudamerika genauer gesagt aus den Anden, wo heute Peru und Bolivien sich befinden. Erst im 16. Jahrhundert brachten Seeleute diese Pflanze nach Europa. Anfangs war die Kartoffel jedoch nicht für den Anbau in unseren Breiten geeignet. Rund um den Äquator sind die Sommertage viel kürzer als in Nordeuropa. Das ungewohnte Klima führte dazu, dass die Kartoffel nur kleine grüne Knollen produzierte. Sie waren aufgrund des hohen Gehalts an giftigem Alkaloid weniger zum Verzehr geeignet. Daher war die europäische Bevölkerung lange Zeit sehr skeptisch gegenüber der exotischen Knolle als Nahrung. In den meisten Fällen wurde die Kartoffelpflanze wegen ihrer schönen Blüte in Gärten gepflanzt. Friedrich der Große (1712-1786) erkannte jedoch den Grundwert der Kartoffel als Grundnahrungsmittel für seine Soldaten an. Friedrich der Große kämpfte unter Androhung der Bestrafung für den großflächigen Anbau in Schlesien und Pommern.

Erst zu Beginn des 20. Jahrhunderts konnten neue Sorten gezüchtet werden, um sich an mehr als 14 Stunden Sonnenlicht pro Tag anzupassen. Und die Züchtung wurde immer weiter fortgeführt, so dass heute wir die Kartoffeln nicht nur im Herbst ernten können, sondern auch im Frühling, Heute können die Landwirte aus mehr als 3000 Sorten wählen, die in vier reife Gruppen unterteilt sind. Sehr frühe Sorten können nach 90 Tagen geerntet werden. Es gibt auch frühe Sorten, mittelfrühe Sorten und mittelspäte bis späte Sorten. Die Ernte späterer Sorten kann bis zu 160 Tage dauern. Aufgrund der Fortpflanzung unterscheiden sich Größe und Form der Kartoffeln absichtlich. Zum Beispiel eignen sich große, lange und glatte Kartoffeln besser für die Herstellung von Pommes Frites.

Kartoffeln werden heute als Lebens- und Futtermittel sowie zur Herstellung von Alkohol und Industrierohstoffen verwendet. 60% der Kartoffelernte in Deutschland werden für Lebensmittel verwendet, etwa 30% für die Stärkeproduktion und etwa 4% für die Ethanol Produktion. Von der verbleibenden Ernte sind etwa 6% Samen und nur 1,2% Futtermittel. Stärke wird in der Industrie zur Herstellung von Klebstoffe, Baumaterialien, Papier, Pappe und Zahnpasta, Waschmittel, Tabletten und vielen anderen Produkten verwendet.

Welche Kartoffel für welches Gericht?

Je nach Stärkegehalt der Kartoffeln lassen sie sich in drei Kategorien einteilen: festkochend, vorwiegend festkochend und mehlig kochend. Je mehr Stärke in der Kartoffel enthalten ist, desto lockerer wird sie beim Kochen. Mehlige Kartoffeln sind daher trockener und weicher als festkochende. Sie ist eher schnittfester und saftiger und hat einen kernigen Geschmack und eine gute Struktur. Die Eigenschaften von hauptsächlich vorwiegend festkochende liegen zwischen den beiden Varianten. Welches Gericht daraus zubereitet werden kann, hängt von den Eigenschaften der Knolle ab. Bratkartoffeln sollten schließlich nicht so schnell auseinanderfallen, während beim Zubereiten von Kartoffelpüree eher wünschenswerter ist.

Gerichte für mehligkochende Kartoffeln:

- Gnocchi
- Knödel
- Kroketten
- Ofenkartoffeln
- Aufläufe
- Salzkartoffeln

Gerichte für vorwiegend festkochende Kartoffeln:

- Salzkartoffeln
- Pellkartoffeln
- Aufläufe
- Rösti
- Puffer
- Pommes Frites
- Bratkartoffeln
- Eintopf mit Fleisch
- Bratkartoffeln
- gröberes Püree

Gerichte für festkochende Kartoffeln:

- Bratkartoffeln
- Kartoffelsalat
- Kartoffelecken
- Gratin
- Salzkartoffeln
- Pellkartoffeln

Bei Gerichten mit Salzkartoffeln als Beilage hängt die Wahl des Knollentyps hauptsächlich vom persönlichen Geschmack ab. Andererseits ist es unmöglich, aus mehlig kochenende Kartoffeln knusprige Bratkartoffeln herzustellen. Ebenso kann ein Kartoffelsalat schnell unappetitlich werden, wenn sich die Knollen in Essig oder Mayonnaise auflösen. Festkochende Kartoffeln hingegen verwandeln sich nicht in lockeres Püree.

Tipps zur Kartoffel

- Am wertvollsten bleibt die Kartoffel beim Dämpfen mit der Schale.
- Schalkartoffeln vor dem Dämpfen besonders gründlich waschen, wenn nötig bürsten.
- Geschälte rohe Kartoffeln bis zur Weiterverwendung ungeschnitten in kaltes Wasser legen (aber nicht zu lange!).
- Kartoffeln immer dünn schälen, das Beste sitzt dicht unter der Schale.
- Kartoffeln möglichst im Dämpfer öder mit Kartoffeleinsatz kochen. Zum Kochen in einem Topf möglichst gleichgroße Kartoffeln verwenden.
- Brat- und Röstkartoffeln stets ins heiße Fett geben. Gebackene Kartoffelspeisen schmecken gut mit Schweinefett zubereitet.
- Kartoffeln bei starker Hitze ankochen und bei kleiner Hitze garkochen, aber nicht aus dem Sieden kommen lassen.
- Von den gekochten Kartoffeln das Wasser abgießen, die Kartoffeln durchschütteln und an der Herdseite abdämpfen lassen.
- Rochwasser von geschälten Kartoffeln zu Suppen und Soßen weiterverwenden.

Kartoffel zubereiten - so geht's

Salzkartoffeln zubereiten

1. Kartoffeln schälen, unter kaltem Wasser waschen und je Verwendung halbieren, vierteln oder in Stücke schneiden.
2. In einem Topf geben und mit kaltem Salzwasser bedecken. Zugedeckt zum Kochen bringen.
3. Nach dem Aufkochen für 20-25 Min. bei mittlere Hitze weich kochen. Wasser abgießen und die Kartoffeln ausdampfen lassen.

Pellkartoffeln zubereiten

1. Kartoffeln waschen. In einem Topf die Kartoffeln mit Salzwasser bedecken und zum Kochen bringen. Den Topf deckeln.
2. Nach dem Aufkochen die Kartoffeln für 20-25 Min. bei mittlere Hitze weich kochen. Das Wasser abgießen und die Kartoffeln kurz abkühlen lassen und dann pellen.

Kartoffel Espuma zubereiten

Zutaten:

- 300 g mehlige Kartoffeln
- 150 Sahne
- 1 Prise Salz
- 1 Prise Pfeffer
- 1 Prise Muskat

Zubereitung:

1. Kartoffel waschen und in einem Topf mit Salzwasser weich kochen. Kartoffeln passieren und durch ein Sieb drücken. Sahne leicht aufkochen und mit Pfeffer, Salz und Muskat würzen.
2. Nach dem Würzen, die Sahne durch ein Sieb in den Kartoffelbrei passieren. Alles gut verrühren. Der Prei sollte nicht dick sein.
3. Zuletzt noch die Mischung in ein Sahnesyphon füllen und mit einer Co2 Kapsel befüllen. Ordentlich schütteln und zum Gericht anordnen.

Kraftpaket Kartoffel

- Kartoffeln sind wahre Vitaminbombe: Die braune Knollen sind reich an Vitaminen, insbesondere B1, B2 und B6, aber Kartoffeln enthalten auch viel Vitamin C. Drei bis vier Kartoffeln haben mehr als die Hälfte des täglichen Vitamin C-Bedarfs gedeckt. Zusammen stärken sie das Immunsystem und fördern den Stoffwechsel.

- Nur 70 Kalorien pro 100 Gramm hat eine Kartoffel. Darüber hinaus bestehen Kartoffeln hauptsächlich aus Wasser. Der schwere Teil ist jedoch, dass Kartoffeln oft gebraten oder frittiert werden, was das gesunde und schlanke Image der Knollen schädigt.

- Die Ballaststoffe in Kartoffeln sorgen dafür, dass Sie lange satt bleiben. Dieser Effekt wird durch die unverdaulichen Bestandteile hervorgerufen, die im Magen anschwellen. Dank ihnen steigt der Blutzuckerspiegel nicht rasch an - was den Heißhunger automatisch ausbremst.

- Zudem sind in Kartoffeln Antioxidantien enthalten die entzündungshemmend wirken und können dadurch sicherstellen, dass unsere Zellen nicht beschädigt werden. Sie können auch Krankheiten vorbeugen und den Blutdruck senken. Dieser Effekt wird hauptsächlich auf blaue und violette Kartoffeln zurückgeführt. Ihre Farbe wird dem natürlichen Farbstoff Anthocyanin zugeschrieben.

- Kartoffel wirken sich schonend für Magen und Darm aus, denn die Stärke in Kartoffeln bindet Säuren und andere Giftstoffe und wirkt dadurch beruhigend. Darüber hinaus ist Kartoffelbrei leicht verdaulich, weshalb er als leichtes Lebensmittel bei Magen-Darm-Beschwerden empfohlen wird. Gegen Sodbrennen hilft ein basischer Kartoffelsaft.

- Die Kraft der Knolle wirkt nicht nur innerlich - seit Hunderten von Jahren werden Kartoffelverbände bei Erkältungen, Bronchitis oder Halsschmerzen eingesetzt. Hier werden Salzkartoffeln in ein Handtuch gewickelt und auf die Brust oder den Hals gelegt.

Abnehmen mit Kartoffeln?

Da die Kartoffel dafür sorgt, dass Sie lange satt bleiben, ist sie der perfekte Begleiter zur Gewichtsreduktion - natürlich wird sie gekocht statt überbacken, püriert oder frittiert. Kartoffelpüree hat aufgrund der Weiterverarbeitung einen höheren glykämischen Index und hat daher einen erheblichen Einfluss auf den Blutzuckerspiegel. Wenn Sie abnehmen möchten, ist die ideale Mischung Kartoffeln und magerer Kräuterquark: Durch das Aufquellen Ihres Magens fühlen Sie sich satt. Lust zu essen. Darüber hinaus kann das Protein im Quark die Förderung des Muskelwachstums sicherstellen. Die Kombination von Salzkartoffeln und Rührei oder gekochten Eiern kann den besten biologischen Wert ergeben. Warum? Je höher der Wert, desto besser kann der Körper Protein in seine eigenen Muskelzellen umwandeln.

Nährwerte der Kartoffel

Mit nur 70 Kalorien pro 100 Gramm sind Kartoffeln sehr kalorienarm, ein Grund dafür ist der hohe Wasseranteil. Außerdem enthält die Knolle viel Kalium, Kalzium und Magnesium. Diese drei Inhaltstoffe stärken unser Herz, Muskulatur und unsere Knochen. Phosphor kann auch gesunde Knochen und Zähne gewährleisten. Darüber hinaus sind Mineralien zuverlässige Energieversorger.

Nähr- und Inhaltsstoffe	in 100 Gramm (durchschnittlich)
Kalorien	*70 g*
Fett	*0 g*
Proteine	*2 g*
Kohlenhydrate	*15 g*
Ballaststoffe	*2 g*
Vitamin C	*17 g*
Folsäure	*22 µg*
Kalium	*418 mg*
Kalzium	*6 mg*
Magnesium	*21 mg*
Phosphor	*50 mg*

Kartoffelguide

Wann werden Kartoffeln geerntet?

Kartoffeln werden das ganze Jahr über in Supermärkten verkauft. Je nach Sorte beträgt die Erntezeit auf den lokalen Feldern von Juni bis Oktober. Die Kartoffeln sind jedoch leicht zu lagern, sodass man sie zu jeder Jahreszeit als Beilage, Salat oder Suppe genießen kann. Es ist jedoch zu beachten, dass die Kartoffeln kühl und lichtgeschützt gelagert werden sollten.

Unterschiedliche Sorten

Die Klassifizierung basiert auf dem Stärkegehalt von Kartoffeln, der bei den mehligen Sorten höher ist und einen trockenen und grobkörnigen Geschmack gewährleistet. Die festkochenden Kartoffeln wie Sieglinde oder Annabell behalten ihre Festigkeit und sind besonders nützlich, wenn ganze Scheiben benötigt werden. Diese Sorte sollte für Aufläufe, Bratkartoffeln und Kartoffelsalat verwendet werden. Die Sorten Marabel, Toscana und Laura sind hauptsächlich vorwiegend festkochend und eignen sich daher ideal für die Zubereitung von Pellkartoffeln, Salzkartoffeln oder Pommes Frites. Die mehlig kochenden Kartoffeln wie Ora, Gala oder Agria, eignen sich gut für Suppen, Knödel, Kroketten und cremigen Püree.

Geschmack

Der Geschmack von Kartoffeln kann nicht eindeutig beschrieben werden, da es viele verschiedene Sorten gibt. Es ist jedoch wichtig, dass die Stärke in Kartoffeln einen eigenen Geschmack hat, den man nicht eindeutig zuordnen kann. Der Geschmack variiert normalerweise von einem erdigen Geschmack ähnlich wie Rote Beete bis zu ein süßliches Maronenaroma.

Besonderheiten der Kartoffel

Bei Menschen mit Glutenunverträglichkeit können Kartoffeln Nudeln ersetzen. **Info**: Auch wenn der Name Süßkartoffel die Kartoffel verbirgt, sind die beiden Gemüsesorten nicht miteinander verwandt. Trotz alledem habe ich einige Süßkartoffel Rezepte, in diesem Buch aufgeführt. Ich finde die Gemüsesorte sehr lecker und sie kann zu einigen Gerichten als Beilage oder als Suppe sehr appetitlich sein.

Was ist an der Kartoffel giftig?

Wie alle Nachtschattenpflanzen enthalten auch Kartoffeln Solanin. Diese Chemische Verbindung ist für uns Menschen giftig, schon eine geringe Menge kann sich auf den Körper negativ auswirken. Die Blätter von Kartoffelpflanzen können besonders Schläfrigkeit, Übelkeit, Magenkrämpfe und Erbrechen verursachen, weshalb nur Kartoffeln zum Kochen verwendet werden sollten.

Kartoffeln, die an einem warmen und hellen Ort gelagert werden, sollten nicht gegessen werden: Die Knollen keimen, was den Solaningehalt erhöht. Da der Stoff beim Kochen nicht zerstört wird, behält er seine toxischen Wirkungen.

Kartoffel Rezepte

Abkürzungen

EL = Esslöffel	Msp. = Messerspitze
g = Gramm	TK = Tiefkühlprodukt
kg = Kilogramm	TL = Teelöffel

Umrechnungstabelle

1 l = 1000 ml	1 Esslöffel = 15 ml
1 Tasse = 150 ml	1 Teelöffel = 5 m
1 Wasserglas = 200 ml	

Backtemperatur umrechnen

Von Ober-/Unterhitze zu Umluft subtrahiert man 20 Grad ab. Als Beispiel: 200 Grad Ober-/Unterhitze entsprechen als 180 Grad bei der Umluft.

Alle Rezepte mit Ausnahme der Backwaren sind für 4 Portionen berechnet. Wenn in der Zutatenliste „Pfeffer" aufgeführt ist, so ist immer frisch gemahlener, schwarzer Pfeffer aus der Mühle gemeint.

Beilage

Schalkartoffeln

Zutaten:

- 1 kg Kartoffeln
- Wasser
- Salz

Zubereitung:

1. Am besten verwendet man mittelgroße, mehlige Kartoffeln. Kartoffeln waschen, mit Wasser in eine Topf geben, etwas salzen, zugedeckt 30—45 Min. weichkochen, Wasser abgießen.
2. Halbzugedeckt am Herd abdämpfen lassen, sofort zu Tisch geben. Neue Kartoffeln schmecken gut wenn man sie beim Kochen mit Kümmel bestreut.

Salzkartoffeln

Zutaten:

- 1 kg Kartoffeln
- Wasser
- Salz

Zubereitung:

1. Die gewaschenen Kartoffeln schälen, bis zum Zustellen kurz in kaltes Wasser legen, in Viertel schneiden, in wenig kochendes Wasser oder in den Kartoffeldämpfer geben.
2. Etwas salzen und für 20—30 Min. weichkochen. Wasser abgießen, Kartoffeln durchschütteln, halbzugedeckt am Herd abdämpfen lassen.
3. Nach Belieben mit feingeschnittenen gerösteten Zwiebeln oder Feingewiegtem Petersiliengrün bestreuen und sofort anrichten.

Petersilienkartoffeln oder Butterkartoffeln

Zutaten:

- 1 kg Kartoffeln
- Wasser
- Salz
- 50 g Butter
- Etwas Petersiliengrün

Zubereitung:

1. Kartoffeln kochen wie Schalkartoffeln, schälen, nach Belieben ganz lassen oder halbieren oder in Würfel schneiden.
2. In zerlassener Butter schwenken, salzen, mit feingewiegtem Petersiliengrün bestreuen.

Speckkartoffeln

Zutaten:

- 1 kg Kartoffeln
- 50 g Speck oder Fett
- Salz
- 125 ml Brühe oder Wasser

Zubereitung:

1. Kartoffeln waschen, schälen, große Kartoffeln vierteln, kleingeschnittenen Speck oder Fett erhitzen, Kartoffeln dazugeben und zugedeckt goldgelb braten.
2. Etwas salzen, Brühe dazugießen, fertig dünsten. Garzeit 30 Min. Die Kartoffeln können auch ohne Flüssigkeit fertig gebraten werden.
3. Nach Belieben mit feingewiegtem Schnittlauch oder Petersiliengrün bestreuen.

Bratkartoffeln

Zutaten:

- 1 kg gekochte Kartoffeln
- 20—30 g Speck
- 1 Zwiebel
- Salz

Zubereitung:

1. Kartoffeln schälen, halbieren oder vierteln, in heißem Fett mit feingeschnittener Zwiebel auf allen Seiten goldbraun backen, salzen.

Geröstete Kartoffeln

Zutaten:

- 1 kg gekochte Kartoffeln
- 40 g Speck
- 1 Zwiebel
- Salz
- Nach Belieben Kümmel oder feingewiegtes Petersiliengrün

Zubereitung:

1. Die gekochten Kartoffeln schälen, in Scheiben schneiden. Feingeschnittene Zwiebel in heißem Fett andämpfen, Kartoffeln dazugeben, salzen.
2. Nach Belieben mit Kümmel oder Petersiliengrün bestreuen, hellbraun rösten. Garzeit 10—15 Min.

Tipp: *4 Eier mit Salz und etwas Milch verquirlen, über die gerösteten Kartoffeln geben, stocken lassen.*

Belgische Fritten

Zutaten:

- 2 kg festkochende bis mehlige Kartoffeln
- 2 kg Pflanzenfett oder Rinderfett
- Salz
- Nach Belieben Paprika Pulver

Zubereitung:

1. Kartoffeln waschen, schälen (nicht ins Wasser legen), in Streifen schneiden ins, mit Leinentuch abtrocknen.
2. Jeweils eine Handvoll schwimmend in heißem Fett halbweich (nicht gelb) backen, auf einem Sieb auskühlen lassen.
3. Kurz vor dem Anrichten nochmals in heißes Fett geben, hellbraun backen, auf einem Sieb abtropfen lassen, mit feinem Salz bestreuen und sofort anrichten.

Ungarische Kartoffeln

Zutaten:

- 1 kg rohe Kartoffeln
- 40 g Fett oder Speck
- 2 Zwiebeln
- ½ TL Paprikapulver
- Salz
- 3 EL saurer Rahm
- Kümmel
- 500 ml Brühe

Zubereitung:

1. Kartoffeln waschen, schälen, in Würfel schneiden, feingeschnittene Zwiebel in heißem Fett anbräunen. Kartoffeln, Salz, Kümmel und Paprika dazugeben.
2. Etwas andünsten, Flüssigkeit aufgießen, zugedeckt für 30—40 Min. dünsten lassen. Rahm dazugeben, gardünsten. (Nicht umrühren, damit die Kartoffeln ganz bleiben.)
3. Nach Belieben die Speise mit einigen gedämpften Pilzen verbessern. Kann mit Würstchen oder Rauchfleisch als Eintopf gegeben werden.

Süßkartoffel-Pommes

Zutaten:

- 900 g Süßkartoffeln
- Etwas Olivenöl
- ½ TL Salz
- ½ TL gemahlener Kreuzkümmel
- ¼ TL Cayennepfeffer

Zubereitung:

1. Den Backofen auf 230 Grad vorheizen. Ein Backblech mit Backpapier auslegen.
2. Die Süßkartoffeln in etwa 4 mm dicke Stifte schneiden.
3. In einer Schicht auf das vorbereitete Blech verteilen und mit dem Öl bepinseln. Salz, Kreuzkümmel und Cayennepfeffer in einer Schale vermischen und die Süßkartoffeln damit bestreuen.
4. Im vorgeheizten Backofen für 15—20 Min. goldbraun backen und heiß servieren.

Süßkartoffel mit Gemüsefüllung

Zutaten:

- 4 kleine Süßkartoffeln
- 1 EL Olivenöl
- 1 kleine Zwiebel, gehackt
- 1 Knoblauchzehe, fein gehackt
- 1 TL gemahlener Koriander
- 1 TL gemahlener Kreuzkümmel
- 200 g Tomaten, gewürfelt
- 2 TL Tomatenmark
- 200 g Kichererbsen aus der Dose, abgetropft
- Salz und Pfeffer
- 4 EL frisch gehackter Koriander
- 115 g fettarmer Joghurt

Zubereitung:

1. Backofen auf 190 Grad vorheizen. Süßkartoffeln mit einer Gabel einstechen, auf ein Backblech legen und für 45-50 Min. backen, bis sie weich sind.
2. Öl in einer Pfanne erhitzen und die Zwiebel darin für 4—5 Min. dünsten. Knoblauch, Koriander und Kreuzkümmel einrühren und 1 Min. weitergaren.
3. Tomaten, Tomatenmark und Kichererbsen einrühren und alles etwas salzen und pfeffern. Abdecken und für 10 Min. köcheln lassen. Vom Herd nehmen und beiseitestellen.
4. Süßkartoffeln auf einen Teller geben, jede der Länge nach etwas aufschneiden. Kichererbsen erneut erhitzen und über die Kartoffeln geben.
5. Die Hälfte des frischen Korianders in den Joghurt rühren, diesen auf den Kichererbsen verteilen. Mit dem restlichen Koriander bestreuen und sofort servieren.

Süßkartoffeln mit Heidelbeer-Dip

Zutaten:

- 3 mittlere Süßkartoffeln (350 g)
- 4-5 EL Öl zum Braten
- 160 ml Orangensaft
- Je 1 TL Chiliflocken

Für den Dip:

- 130 g Heidelbeeren
- 190 g Feta
- 220 g körniger Frischkäse
- 40 g rote Zwiebeln
- 1 Zweig Rosmarin
- 1 EL flüssiger Honig
- 1 EL Weißweinessig
- Salz und Pfeffer

Zubereitung:

1. Für den Dip Heidelbeeren abspülen und abtropfen lassen. Feta in einer Schüsselmit zerkrümeln. Frischkäse hinzufügen, vermischen und leicht zerdrücken.
2. Zwiebeln schälen und würfeln. Rosmarin abbrausen, trocken schütteln, Nadeln abzupfen und fein hacken. Honig, Essig, Rosmarin, Zwiebeln und Heidelbeeren unterrühren. Mit Salz und Pfeffer abschmecken und beiseitestellen.
3. Süßkartoffel schälen und quer in ca. 1 cm dicke Scheiben schneiden. Öl mit Orangensaft, Chiliflocken 1 Prise Salz und Pfeffer verrühren.
4. Die Kartoffelscheiben für 1 Std. in die Marinade geben. Herausnehmen abtropfen lassen, die Marinade für später beim Grillen ausbewahren.
5. Die Kartoffelscheiben für 20 Min. grillen. Hin und wieder die Scheiben beim Wenden mit der Rest Marinade bepinseln.

Lauchkartoffeln

Zutaten:

- 1 kg rohe Kartoffeln
- 3 Stangen Lauch
- 20 g Fett
- 20 g kleingeschnittener Speck
- Salz, Paprika und Kümmel
- Brühe zum Aufgießen
- Petersiliengrün zum Bestreuen

Zubereitung:

1. Kartoffeln schälen, in kleine Würfel schneiden. Lauch putzen und waschen, abtropfen lassen, in Ringe schneiden.
2. Fett und Speck erhitzen, abwechselnd eine Lage Kartoffel und eine Lage Lauch einschichten.
3. Mit Salz, Paprika und Kümmel bestreuen, seitlich etwas aufgießen, zugedeckt langsam weichdämpfen.
4. Beim Anrichten mit feingewiegtem Petersiliengrün bestreuen. Nach Belieben können Schinken und Fleischreste mitgedämpft werden.
5. Dieses Gericht ergibt dann ein selbständiges Gericht (Eintopf).

Kartoffelkroketten

Zutaten:

- 750 g Kartoffeln
- Salz
- 30 g Butter
- 1 Ei
- 80-100 g Weizenmehl
- Etwas Muskat
- 1 Ei und etwas Paniermehl
- Backfett

Zubereitung:

1. Die geschälten, geviertelten, gekochten und passierten Salzkartoffeln mit Eigelb, Butter, Salz, Muskat gut vermischen.
2. Aus der Masse lange Röllchen formen ca. 2-3 cm Ø. und diese wieder in 5-6 cm lange Stücke schneiden.
3. Die Kroketten dann in Mehl, verquirlten Eiern und Paniermehl wenden. Danach im heißen Fett schwimmend backen.

Frittierte Kartoffeln mit Aioli

Zutaten:

- 4 Kartoffeln, jede in 8 Stifte geschnitten
- Pflanzenöl zum Frittieren
- grobes Meersalz

Für die Aioli:

- 1 großes Eigelb, zimmerwarm
- 1 TL Weißweinessig
- 5 EL Olivenöl
- 5 EL Sonnenblumenöl
- 4 Knoblauchzehen, zerdrückt

Zubereitung:

1. Für die Aioli Eigelb und Essig in die Küchenmaschine geben. Bei laufender Maschine Olivenöl in Portionen von je 2 TL dazugeben.
2. Danach das Sonnenblumenöl ebenfalls dazugeben, bis die Aioli wie eine dicke Mayonnaise aussieht. Wenn sie zu dick ist, noch etwas Essig unterrühren.
3. Knoblauch schälen und dazupressen, nach Belieben etwas salzen. Zugedeckt kühl stellen.
4. Öl im Topf so lange erhitzen, bis ein Brotwürfel darin in 1 Min. goldbraun wird. Kartoffeln im Öl 7 Min. leicht goldgelb frittieren. Kartoffeln aus dem Topf nehmen.
5. Auf Küchenpapier abtropfen lassen. Jetzt das Öl stärker erhitzen. Ein Brotwürfel sollte darin in 30 Sekunden braun werden.
6. Kartoffeln wieder in den Topf geben, in 2—3 Min. goldbraun frittieren. Auf Küchenpapier abtropfen lassen. Salzen. Heiß mit Aioli servieren.

Kartoffelpüree

Zutaten:

- 1 kg Kartoffeln
- Wasser
- Salz
- 330 ml bis 500 ml Milch
- 30 g frische Butter
- Semmelbrösel oder feingeschnittene Zwiebel
- 20 g Fett

Zubereitung:

1. Kartoffeln zubereiten wie Salzkartoffeln, heiß durchpressen, salzen. Zuerst ein Stückchen frische Butter einrühren.
2. Nach und nach die kochende Milch mit dem Schneebesen darunterschlagen.
3. Wellig in vorgewärmter Schüssel oder Platte anrichten, glattstreichen.
4. Zur Verzierung mit Messer oder Löffel einkerben, Semmelbrösel oder Zwiebel in Butter rösten und über das Kartoffelpüree geben.

Info: *Man kann beim Anrichten sehr schön mit Kartoffelbrei verzieren. Das Gericht kann auch aus Schalkartoffeln hergestellt werden.*

- *Variante 1: Frischkäse mit der Gabel zerdrücken und mit Butter und Milch unter das Kartoffelpüree schlagen.*
- *Variante2: Feingeriebenen Meerrettich (2—3 EL) unter das Kartoffelpüree rühren.*

Kartoffelteig (Grundrezept)

Zutaten:

- 1 kg gekochte Kartoffeln
- 1-2 Eier
- 80 bis 160 g Mehl (nach Belieben halb Stärkemehl)
- 1 Prise Muskat
- Salz

Zubereitung:

1. Gekochte Kartoffeln schälen und reiben oder gekochte heiße Kartoffeln schälen und durchpressen.
2. Auf dem Nudelbrett abkühlen lassen. Mehl und Gewürze leicht darunter mischen, Ei dazugeben und schnell zu einem Teig verarbeiten.
3. Kartoffelteig muss sofort verwendet werden, da er sonst feucht wird.

Scharfe Kartoffeln

Zutaten:

- 300 g kleine Frühkartoffeln
- 1 El Olivenöl
- 1 TL Paprika
- 1 TL Chilipulver
- ½ TL gemahlener Kreuzkümmel
- ½ TL Salz
- glatte Petersilie zum Garnieren

Zubereitung:

1. Backofen auf 200 Grad vorheizen. Schale jeder Kartoffel an mehreren Stellen einstechen.
2. Gemüse in eine Schüssel geben. Öl, Paprika, Chili, Kreuzkümmel und Salz dazugeben.
3. Alles darin wenden. Danach die Kartoffeln auf ein mit Backpapier ausgelegtes Backblech legen und 40 Min. backen.
4. Während des Rösten das Blech hin und wieder aus dem Backofen nehmen, um die Kartoffeln zu wenden.
5. Mit glatter Petersilie garnieren und heiß servieren.

Kartoffelmaultaschen

Zutaten:

- 1 kg gekochte Kartoffeln
- 1-2 Eier
- 80 bis 160 g Mehl (nach Belieben halb Stärkemehl)
- 1 Prise Muskat
- Salz
- 1 Kg Äpfel oder Zwetschgen
- 100 g Butter
- 1 Tasse saurer Rahm
- 3 EL Zucker
- Zimt
- 100 g Weinbeeren
- Nach Belieben 250 ml kochende Milch

Zubereitung:

1. Äpfel schälen und fein schneiden Kartoffelteig ½ cm dicker tellergroße Flecke auswellen, mit Fett und Rahm bestreichen.
2. Mit Äpfel oder Zwetschgen belegen. Zucker, Zimt und Weinbeeren darüberstreuen, aufrollen, in die gut gefettete Auflaufform der Breite legen, mit Butterflocken belegen.
3. Bei 200 Grad Ober- und Unterhitze im Backofen backen.
4. Nach Belieben 10 Min. vor Garzeit etwas kochende Milch darüber gießen und einziehen lassen.
5. Mit Zucker bestreut anrichten Garzeit: 45 Min.

Böhmische Teigtaschen (Powidltascherl)

Zutaten:

- 1 kg gekochte Kartoffeln
- 1-2 Eier
- 80 bis 160 g Mehl (nach Belieben halb Stärkemehl)
- 1 Prise Muskat
- Salz
- 300 g Mehl
- Dickes Pflaumenmus (Powidl)
- 1 Eiweiß zum Bestreichen
- Salzwasser zum Kochen
- 80 g Butter
- 80 g Semmelbrösel
- Etwas Zucker

Zubereitung:

1. Man bereitet einen Kartoffelteig, rollt ihn messerrückendick schneidet Vierecke aus, gibt in die Mitte einen kleinen Löffel Pflaumenmus.
2. Bestreicht die Ränder mit Eiweiß, schlägt den Teig in der Mitte zusammen und drückt die Taschen an den Rändern fest.
3. Dann legt man sie in schwach gesalzenes kochendes Wasser, kocht sie vorsichtig 3 bis 5 Min.
4. Nimmt sie heraus, abtropfen und legt sie in die hellbraun gerösteten Butterbröseln und bestreut sie mit Zucker.

Kartoffelbällchen

Zutaten:

- 250 g gekochte Kartoffeln
- 30 g Butter
- 1 Ei
- 2-3 EL Mehl
- 2 EL geriebener Käse
- Muskat
- Salz
- 4 EL Semmelbrösel
- Backfett

Zubereitung:

1. Butter und Ei schaumig rühren, die gekochten, geriebenen Kartoffeln, Mehl, nach Belieben Muskat, Salz und Käse dazugeben, zu einem Teig verarbeiten, kleine Runde Kugeln formen.
2. In Semmelbrösel wenden, schwimmend in Fett goldbraun backen. Verwendung zur Verzierung von Gemüse und warmen Fleischspeisen.

Kartoffelpuffer

Zutaten:

- 1 ½ kg rohe Kartoffeln
- 125 ml - 250 ml sauere Rahm oder saure Milch
- Salz,
- 1-3 EL Mehl
- nach Belieben 1—2 Eier
- Backfett

Zubereitung:

1. Die rohen, geschälten Kartoffeln in eine Schüssel mit Wasser reiben (mit 1 EL Essig beträufeln, damit die Kartoffeln nicht rot werden), auf ein Tuch schütten, leicht ausdrücken.
2. In einer Schüssel mit allen Zutaten verrühren. Mit einem Esslöffel in heißes Fett kleine Häufchen geben, dünn auseinanderstreichen.
3. Auf beiden Seiten schön knusprig backen, sofort zu Tisch geben. Verwendung zu Sauerbraten, Salaten, Sauerkraut und Kompott.

Prinzesskartoffeln

Zutaten:

- 750 g Kartoffeln
- 3 gut gewässerte, in Stücke geschnittene Heringe
- 125 g gekochter, gewürfelter Schinken
- 2-3 hartgekochte Eier
- 375 ml saure Sahne
- 2 Eier
- Salz
- 2 EL Paniermehl
- Etwas Butter

Zubereitung:

1. Kartoffeln mit Schale waschen, gar kochen lassen noch heiß abpellen und in Scheiben schneiden. Die Eier ebenfalls in Scheiben schneiden.
2. Kartoffeln abwechselnd lagenweise mit den Heringen, Schinkenwürfel und Eierscheiben in eine gut gefettete Auflaufform füllen.
3. Die oberste Lage muss aus Kartoffeln bestehen. Die Sahne mit den Eiern und etwas Salz verquirlen und über die Kartoffeln gießen.
4. Den Auflauf mit Paniermehl bestreuen. Mit Butterflöckchen belegen und in den Backofen für 30-40 Min. bei 180 Grad Ober- und Unterhitze backen.

Kartoffelkroketten

Zutaten:

- 800 g Kartoffeln
- Salz
- 30 g Butter
- 1 Ei
- 80-100 g Weizenmehl
- Etwas Muskat
- 1 Ei und etwas Paniermehl
- Backfett

Zubereitung:

1. Kartoffeln schälen, waschen, in Hälften schneiden und in Salzwasser gar kochen lassen.
2. Das Wasser abgießen, die Kartoffeln sofort durch die Presse geben und abkühlen lassen.
3. Das Fett geschmeidig rühren, Ei, Kartoffeln, Mehl, Salz und Muskat nach und nach dazugeben.
4. Aus dem Kartoffelteig 5 cm lange Röllchen formen, sie in gequirltem Ei und dann in Paniermehl wenden und sofort im heißen Backfett goldbraun backen.

Bouillonkartoffeln

Zutaten:

- 800 g Pellkartoffeln
- 1 Liter Fleischbrühe
- Suppengrün (Lauch, Möhre, Petersilienwurzel)
- 2 EL gehackten Majoran
- Salz und Pfeffer
- Petersiliengrün

Zubereitung:

1. Fleischbrühe mit kleingeschnittenem Suppengrün zum Kochen bringen. Die mehligen Kartoffeln schälen, in größere Würfel schneiden.
2. Mit siedender Fleischbrühe begießen, bis sie bedeckt sind. Mit Salz, Pfeffer, Prise Majoran abschmecken und zugedeckt weich kochen.
3. Die Flüssigkeit soll gegen Ende des Kochprozesses fast vollständig aufgesogen sein. Mit Petersilie verzieren.

Kartoffeln á la Maître

Zutaten:

- 750 g Pellkartoffeln
- 250 ml Mitch
- 40 g Butter
- Salz, Pfeffer, Muskat,
- 2-3 EL Sahne,
- Kräuter (Petersilie oder Dill)

Zubereitung:

1. Gekochte, in Scheiben geschnittene, halbmehlige Kartoffeln in kochende Milch geben (in einer Auflaufform), ein größeres Stück Butter einrühren.
2. Mit Salz, Pfeffer und Muskat abschmecken. Zugedeckt für 15-20 Min. erhitzen. Mit Sahne und Kräutern garnieren.

Dillkartoffeln

Zutaten:

- 800 g Pellkartoffeln

Für die Dillsoße:

- 60 g Butter
- 4 EL gehacktes Dillkraut
- 40 g Mehl
- 250 ml Fleischbrühe oder Wasser
- 2 EL saure Sahne
- Salz und Pfeffer

Zubereitung:

1. In heißer Butter gehacktes Dillkraut anschwitzen lassen und mit Mehl stauben.
2. Leicht mitrösten und mit Brühe oder Wasser aufgießen.
3. Für 10 Min. bei schwacher Hitze kochen lassen, dabei mit dem Schneebesen wiederholt kräftig schlagen.
4. Gegen Ende mit saurer Sahne vollenden. Mit Salz und Pfeffer würzen. Die Kartoffelscheiben darin erhitzen.

Kartoffeln nach Frankfurter Art

Zutaten:

- 1 kg festkochende Kartoffeln
- 2 Zwiebeln
- 80 g Butter
- 250 g Räucherspeck
- 30 g Mehl
- 500 ml Fleischbrühe
- 1 Lorbeerblatt
- 2 Stengel Thymian
- 5 Pfefferkörner
- Abrieb einer ½ Zitrone
- 125 ml Rotwein,
- Salz, Pfeffer, Senf

Zubereitung:

1. Kartoffeln in Salzwasser dämpfen, schälen und in Scheiben schneiden. Feingeschnittene Zwiebeln in Butter anschwitzen.
2. Den Speck in Würfel schneiden, mit Mehl stauben und mit Fleischbrühe aufgießen. Unter ständigem Rühren zum Kochen bringen.
3. Die Gewürze dazugeben und für 20 Min. kochen. Gewürze herausnehmen, die Soße würzen und abschmecken. Kartoffelscheiben in der Soße erhitzen.

Kartoffeln in Gurkensoße

Zutaten:

- 850 g gekochte Kartoffeln

Für die Gurkensoße:

- 1 Salatgurke
- 1 Zwiebel
- 40 g Butter
- 30 g Mehl
- 500 ml Fleischbrühe
- Salz und Pfeffer
- Essig
- 125 ml saure Sahne
- 1 TL gehacktes Dillkraut

Zubereitung:

1. Die feingeschnittene Zwiebel in heißer Butter mit Mehl stauben und durchrösten. Mit Brühe (Wasser) aufgießen und 10 Min. bei kleiner Hitze kochen lassen.
2. Mit dem Schneebesen dabei immer der kräftig schlagen. Danach die geschälte, entkernte und in kleine Würfel oder Scheiben geschnittene Gurke dazugeben.
3. Für 20 Min. köcheln lassen, etwas salzen, pfeffern und mit einem Spritzer Essig abschmecken.
4. Dann die verquirlte saure Sahne dazugießen, verrühren und gegen Ende die in Scheiben geschnittenen geschälten und gekochten Kartoffeln hinzufügen und kräftig erhitzen.
5. Mit gehacktem Dillkraut vollenden. Passt als Beilage zu Rindfleisch, Hackbraten, Hammel- und Schweinefleisch.

Kartoffelgulasch

Zutaten:

- 850 g rohe geschälte Kartoffeln
- 40 g Butter
- 30 g Speck
- 200 g Zwiebeln
- 1 EL Rosenpaprika
- ½ EL Essig
- Bouillon
- Gehackter Kümmel
- 1 zerdrückte Knoblauchzehe
- 1 Prise Majoran
- Salz
- Nach Belieben 1 Tasse saure Sahne

Zubereitung:

1. Den gewürfelten Speck in heißem Fett glasig werden lassen. Die feingeschnittenen Zwiebeln dazugeben und goldgelb anrösten lassen.
2. Die Hitze reduzieren, mit Paprika kräftig bestreuen, durchrösten. Mit Essig sofort ablöschen und mit Bouillon aufgießen.
3. Danach die Hitze wieder erhöhen, Kümmel, Knoblauch, Majoran, Salz hinzufügen und die geschälten, in gröbere Würfel geschnittenen rohen Kartoffeln dazugeben.
4. Zugedeckt weich kochen. Wiederholt umrühren. Man kann auch ½ Lorbeerblatt mitkochen und gegen Ende mit saurer Sahne verfeinern.
5. Nach Belieben kann man auch in Scheiben geschnittene Wurst als Einlage dazugeben und noch einmal aufkochen lassen.

Majoran Kartoffeln

Zutaten:

- 650 g Kipfler Kartoffeln
- 60 g Butter
- 40 g Mehl
- 1 Zwiebel
- 1 TL Majoran
- 125 ml saure Sahne
- 375 ml Bouillon
- Etwas Zitronensaft
- Salz und Pfeffer
- Etwas Essig

Zubereitung:

1. Eine Mehlschwitze aus 60 g Fett, 40 g Mehl, der feingeschnittenen Zwiebel und Majoran bereiten. Mit Bouillon dickflüssig aufgießen.
2. Für 20 Min. bei kleiner Hitze kochen lassen und mit dem Schneebesen immer wieder kräftig durchschlagen.
3. Gekochte, feinblättrig geschnittene Kartoffeln dazugeben und noch einmal aufkochen lassen, mit Salz, Pfeffer und Zitronensaft würzen und abschmecken.
4. Mit etwas Essig säuern und gegen Ende die saure Sahne unterrühren.

Klöße & Knödel

Rohe Kartoffelknödel

Zutaten:

- 2 kg rohe Kartoffeln
- 750 g gekochte Kartoffeln
- 250 ml kochende Milch oder Wasser
- Salz
- 1-2 Eier nach Belieben
- geröstete Semmelwürfel
- Salzwasser

Zubereitung:

1. Rohe Kartoffeln waschen, schälen, in eine Schüssel mit Wasser reiben.
2. Das Wasser mehrmals erneuern, die Masse im Kartoffelsäckchen fest auspressen.
3. Die abgesetzte Stärke dazugeben, sofort kochende Milch oder Wasser darüber gießen.
4. Die gekochten, durchgepressten Kartoffeln, Salz und nach Belieben Eier dazugeben. Zu einem Teig verarbeiten.
5. Sofort Klöße formen, in die Mitte geröstete Semmelwürfel geben, in kochendes Salzwasser einlegen.
6. Für 25 bis 30 Min. langsam kochen lassen, sofort zu Tisch geben.
7. Nach Belieben kann man dem Knödelteig 2 EL Grieß dazugeben, die Knödel bleiben dadurch schöner in der Farbe.

Rohe Kartoffelknödel mit Grieß

Zutaten:

- 2 ½ kg rohe Kartoffeln
- 500 ml Milch
- 100 g Grieß
- Salz
- geröstete Semmelwürfel
- Salzwasser

Zubereitung:

1. Kartoffel vorbereiten und auspressen wie oben beschrieben. Aus Milch und Grieß dicken Grießbrei kochen, sofort über die ausgepressten Kartoffeln geben, salzen.
2. Zu einem Teig verarbeiten. Sofort Klöße formen, in die Mitte geröstete Semmelwürfel geben, in kochendes Salzwasser einlegen.
3. Für 25 bis 30 Min. langsam kochen lassen, sofort zu Tisch geben.

Halbseidene Kartoffelklöße

Zutaten:

- 1 kg gekochte Kartoffeln
- 160 g Stärkemehl
- Salz
- 125 ml - 250 ml Milch
- 1-2 Eier
- geröstete Semmelwürfel
- Salzwasser

Zubereitung:

1. Die gekochten, geschälten Kartoffeln heiß durchpressen, auskühlen lassen. Stärkemehl und Salz darunter mischen.
2. Mit kochender Milch übergießen, Ei dazugeben und zu Teig verarbeiten.
3. Hände mit Kartoffelmehl bemehlen, Klöße formen, in die Mitte geröstete Semmelwürfel geben. In kochendes Salzwasser einlegen und 15 Min. langsam kochen lassen.

Thüringer Klöße

Zutaten:

- 1,5 kg geschälte rohe Kartoffeln
- 250 ml Milch
- 1 TL Salz
- 50 g Butter
- 125 g Grieß
- 1 Semmel (Brötchen)
- Etwas Butter

Zubereitung:

1. Die Kartoffeln in eine Schüssel mit Wasser reiben und in einem Tuch fest auspressen.
2. Milch, Salz und Fett bei starker Hitze kochen lassen, den Grieß auf einmal hineinschütten, ihn zu einem Kloß rühren und diesen noch etwa 1 Min. erhitzen.
3. Ihn sofort zu den ausgepressten Kartoffeln geben und darunter rühren.
4. Dann mit bemehlten Händen etwa faustgroße, runde Klöße daraus formen.
5. In jeden einige gebräunte Semmelwürfel drücken. Die Klöße in kochendes Salzwasser geben und sie bei kleiner Hitze gar ziehen lassen.

Kartoffelklößchen (als Suppeneinlage)

Zutaten:

- 2-3 geriebene gekochte Kartoffeln
- Salz
- 30 g Butter
- 2 Eigelbe
- 2-3 EL Paniermehl
- Muskat
- Eischnee

Zubereitung:

1. Die Butter schaumig rühren, Eigelb, Paniermehl und die geriebenen Pellkartoffeln hinzufügen. Mit Salz und Muskat abschmecken.
2. Zuletzt den steif geschlagenen Eischnee dazugeben. Aus der Masse kleine Klößchen formen und für 10 Min. in der kochenden Fleischbrühe ziehen lassen (nicht kochen!)

Zwetschgenknödel

Zutaten:

- 1 kg gekochte Kartoffeln
- 1-2 Eier
- 80 bis 160 g Mehl (nach Belieben halb Stärkemehl)
- 1 Prise Muskat
- Salz
- 300 g Mehl
- 1 kg Zwetschgen
- Würfelzucker
- 6-8 EL Semmelbrösel
- 2 EL Zucker
- Zimt
- 100 g Butter

Zubereitung:

1. Kartoffelteig herstellen, den Teig dünn auswellen, mit dem Küchenrädchen Stücke von etwa 6x6 cm ausradeln.
2. Je eine entsteinte, mit Würfelzucker gefüllte Zwetschge hauchdünn mit Kartoffelteig überziehen und formen.
3. Die Knödel in kochendes Salzwasser einlegen. Für 5-8 Min. langsam kochen lassen. Mit dem Schaumlöffel herausnehmen, abtropfen lassen.
4. Semmelbrösel in heißer Butter gelb rösten und die Zwetschgenknödel darin wälzen, mit Zucker und Zimt bestreuen.
5. Statt Zwetschgen kann man auch Aprikosen verwenden.

Hauptspeise

Tiroler Gröstel

Zutaten:

- 500 g gekochte und geschälte, erkaltete Kartoffeln
- 150 g Speck
- 150 g gekochtes Rindfleisch
- 1 Zwiebel
- Salz
- Kümmel
- Schnittlauch
- Butter
- 4 Eier
- Etwas Butter

Zubereitung:

1. Zwiebeln schälen und würfeln. Butter in einer großen Pfanne zerlassen und die Zwiebeln darin anrösten.
2. Rindfleisch und Speck dazugeben und ebenfalls rösten. Kartoffeln in Scheiben schneiden und mit in die Pfanne geben.
3. Alles miteinander gut vermischen, anrösten und mit Salz und Kümmel abschmecken.
4. Eier in einer separaten Pfanne in Butter zu Spiegeleier braten.
5. Das Gröstel auf Teller aufteilen. Die Spiegeleier oben drauf setzten und mit gehacktem Schnittlauch bestreuen.

Kartoffelauflauf

Zutaten:

- 1 kg Kartoffeln
- Wasser
- Salz
- 330 ml Milch
- 30 g frische Butter
- Etwas Muskat
- 100 bis 250 g Rauchfleisch
- 1—2 Eier getrennt
- 50 g geriebener Käse
- 2 EL Semmelbrösel zum Bestreuen
- Butterflocken zum Belegen

Zubereitung:

1. Kartoffelpüree wie beschrieben herstellen (aber nicht so weich), mit Muskat würzen, das feingewiegte Geräucherte und 1—2 Eigelbe darunterschlagen.
2. Zuletzt den steifen Eischnee unterheben. Die Speise in eine gut gefettete Auflaufform geben, mit geriebenem Käse und Semmelbrösel bestreuen.
3. Mit Butterflocken belegen, im vorgeheizten Backofen bei 200 Grad Ober- und Unterhitze goldgelb backen. Dazu Tomatensoße und Salat.

Gefüllter Kartoffelauflauf

Zutaten:

- 1,5 kg Kartoffeln
- 125 ml heiße Milch
- Salz
- 60 g Butter
- 2 Eier getrennt
- Butterflocken zum Belegen
- 2 EL geriebener Käse zum Bestreuen

Für die Füllung:

- 300 g Hackfleisch, gemischt
- Salz und Pfeffer
- 20 g geschnittener Speck
- 1 eingeweichte Semmel (Brötchen)
- 1 Zwiebel
- Etwas Petersilie
- Etwas Rahm
- 1 Ei

Zubereitung:

1. Hackfleisch, gewürfelte Zwiebel und gehackte Petersilie in Speck andämpfen, die Semmel einweichen und ausdrücken. Alles gut vermischen und mit Salz und Pfeffer würzen.
2. Die Kartoffeln kochen und heiß durchpressen, nach und nach die heiße Milch mit dem Schneebesen darunterschlagen. Butter und Salz dazugeben und schön schaumig schlagen.
3. Die Eigelbe und zuletzt den steifen Eischnee darunterheben. Die Hälfte der Masse in eine gut gefettete Auflaufform füllen, darauf die Fleisch-Füllung verteilen und mit dem Rest des Kartoffelpürees bedecken.
4. Die Speise mit Butterflocken belegen und mit geriebenem Käse bestreuen. Bei 200 Grad Ober- und Unterhitze im Backofen goldgelb backen.
5. Der Auflauf kann auch in einer gut gefetteten Ringform hergestellt werden. Dazu Salate, Gemüse, Tomatensoße, Specksoße servieren.

Tipp: *Zur Füllung kann man auch noch gedämpfte Pilze dazugeben.*

Kartoffel-Apfel-Auflauf

Zutaten:

- 800 g Kartoffeln
- 100 g mittelalter Gouda-Käse
- 1 Bund (ca. 500 g) Möhren
- 1 Zwiebel
- 40 g Butter
- 40 g Mehl
- 500 ml Gemüsebrühe
- 100 g Schlagsahne
- Salz und weißer Pfeffer
- 1 Prise Zucker
- 2 Äpfel
- 1 dicke Scheibe (ca. 200 g) Holsteiner Katenschinken
- nach Belieben Thymian zum Garnieren
- Fett für die Form

Zubereitung:

1. Kartoffeln mit Schale in kochendem Wasser etwa 20 Min. garen. Abgießen, kalt abschrecken und die Schale abziehen. Käse reiben.
2. Möhren putzen, dabei eventuell etwas Grün stehen lassen. In kochendem Salzwasser etwa 12 Min. garen.
3. Abgießen, abtropfen lassen. Zwiebel fein würfeln.
4. Im heißen Fett andünsten, mit Mehl bestäuben und anschwitzen. Mit Brühe und Sahne ablöschen.
5. Aufkochen lassen, ¾ des Käses darin unter Rühren schmelzen und mit Salz, Pfeffer und Zucker abschmecken. Äpfel in Spalten schneiden. Schinken fein würfeln.
6. Kartoffeln, Äpfel, Möhren und ¾ der Schinkenwürfel in eine gefettete Auflaufform füllen. Soße darüber gießen.
7. Mit Rest Käse bestreuen. Im vorgeheizten Backofen bei 200 Grad Ober- und Unterhitze für 20-25 Min. backen.
8. Restliche Schinkenwürfel darüber streuen. Nach Belieben mit Thymian garniert servieren.

Labskaus (Seemansgericht)

Zutaten:

- 1 kg Kartoffeln
- Wasser
- Salz
- 250 bis 500 g gekochtes Rauchfleisch
- einige El Rahm
- 1 EL dickes Tomatenmark
- Pfeffer und Salz
- Zwiebel
- 30 g Butter oder Speck

Zubereitung:

1. Salzkartoffeln zubereiten, durchpressen, das feingewiegte Rauchfleisch, Rahm und Tomatenmark locker darunterheben.
2. Mit Pfeffer und Salz abschmecken, wenn nötig noch etwas Rahm oder heiße Milch dazugießen und mit dem Schneebesen schaumig schlagen.
3. In heißer Butter oder Speck Zwiebelringe rösten und über die Speise geben.
4. Dazu passt Salat oder oben drauf noch ein Spiegelei.

Kartoffelpudding a la Henriette Davidis

Zutaten:

- 100 g Butter
- 3 Eier getrennt
- Etwas Muskat
- Etwas gehackte Petersilie
- 1 kg durchpassierte, gekochte Kartoffeln
- 30 g Butter zum Beträufeln
- Käse zum Bestreuen

Für die Soße:

- 50 g Butter
- 50 g Mehl (Type 405)
- 300-400 ml Milch oder Gemüsebrühe
- 1 kleine Zwiebel
- Etwas Muskat

Zubereitung:

1. Butter schaumig rühren, Eigelb Muskat und feingewiegte Petersilie dazugeben. Schalkartoffeln kochen, schälen, durchpressen und abkühlen lassen.
2. Zur Schaummasse geben, den steifen Eischnee darunterheben. Die Masse in die gefettete und bemehlte Puddingform füllen und für 45 Min. im Wasserbad kochen.
3. Auf eine vorgewärmte Platte stürzen, mit heißer Butter beträufeln, nach Belieben mit geriebenem Käse bestreuen.
4. Für die Soße Zwiebel hacken, mit der Butter in einen kleinen Topf geben und leicht erhitzen. Mehl hinzufügen und gut mit der Butter vermischen.
5. Von der Herdplatte nehmen und nach und nach die Milch dazugießen. Klumpenbildung vermeiden und nochmals erhitzen, um die Soße etwas anzudicken.
6. Eventuell noch einmal etwas Milch dazugießen, um die gewünschte Konsistenz zu erhalten.

Tipp: *Dieselbe Masse kann auch als Auflauf gebacken werden. Als Beilage passen gut Blumenkohl, Brokkoli oder Möhren.*

Info: *Dieses Rezept ist eine Modifikation des Rezepts von Henriette Davidis (1801-1876). Davidis stammt aus dem Ruhrgebiet und gilt als der bekannteste Kochbuchautor Deutschlands. Ihr "Praktisches Kochbuch" wurde um die Wende vom 19. zum 20. Jahrhundert zum wichtigsten Kochbuch und gehörte zur Grundausstattung vieler deutscher Haushalte. Dank ihrer Rezepte hat sie Generationen von Hausfrauen geprägt.*

Kartoffel-Quark-Pudding

Zutaten:

- 80 g Butter
- 3 Eier getrennt
- Salz und Muskat
- 500 g gekochte Kartoffeln
- 250 g Quark
- 150 g magerer in Würfel geschnittener Schinken
- 3 EL kleingeschnittene Pilze
- 20 g Butter zum Dämpfen

Zubereitung:

1. Butter schaumig rühren, Eigelb und Gewürze dazugeben. Den durch das Sieb gestrichenen Quark und die durchgepressten Kartoffeln dazugeben.
2. Zuletzt den würfelig geschnittenen Schinken und den steifen Eischnee unterheben. Die Masse in eine gut gefettete und bemehlte Puddingform füllen.
3. Für 45 - 60 Min. im Wasserbad kochen, auf vorgewärmte Platte stürzen, mit gedämpften Pilzen belegen. Dazu passt grüner Salat mit einer pikanten Soße.

Kartoffel-Gratin mit Apfel (vegetarisch)

Zutaten:

- 1,5 kg Kartoffeln
- 3 säuerliche Äpfel
- 1 ½ Becher Schmand oder Crème fraîche
- 1 TL Paprikapulver
- ½ TL Zimt
- ½ TL Currypulver
- 1 TL Zitronensaft
- Pfeffer

Zubereitung:

1. Kartoffeln putzen, kochen, heiß schälen und in große Stücke schneiden.
2. Schmand oder Crème fraîche mit Paprikapulver, Zimt und Curry umrühren, würzen und mit noch warmen Kartoffelstücken mischen.
3. Äpfel schälen, entkernen und in kleine Stücke schneiden. Mit Zitronensaft beträufeln. Apfelscheiben zu den Kartoffeln geben und unterheben.
4. Alles in eine große Backform geben und ca. 25 Min. bei 180 Grad backen. Nach Belieben mit bestreuen und überbacken.

Kartoffelgratin (vegetarisch)

Zutaten:

- 800 g Kartoffeln
- 2 Eier
- 3 Tomaten
- 1 Zwiebel
- ½ Bund Petersilie
- 1 EL Keimöl
- Salz und Pfeffer
- 100 ml Milch
- 1 Eigelb
- 4 EL gerieb. Emmentaler
- Paprika

Zubereitung:

1. Die Kartoffeln in der Schale in Salzwasser etwa 20 Min. kochen, abgießen, etwas abdampfen lassen und pellen. Die Eier hartkochen, kalt abschrecken und ebenfalls schälen.
2. Die Tomaten waschen, in Scheiben schneiden und den harten Stielansatz entfernen. Die Zwiebel schälen und ebenfalls in dünne Scheiben schneiden.
3. Die Petersilie waschen und abtrocknen, feinhacken. Die Tomaten in Öl in einer Kasserolle einige Min. dünsten, Zwiebelscheiben und Petersilie dazugeben und ebenfalls noch einige Min. durchziehen lassen.
4. Die Kartoffeln und die Eier in Scheiben schneiden. Eine eingefettete Auflaufform mit einer Schicht Kartoffeln auslegen, die Eierscheiben darauf verteilen und die Tomaten-Zwiebel-Mischung darüber gießen.
5. Jede Schicht leicht pfeffern und salzen. Mit den übrigen Kartoffeln oben einen Deckel auflegen.
6. Die Sahne mit dem Eigelb und dem Käse verrühren, etwas pfeffern, salzen und mit Paprika würzen. Die Sauce über die Kartoffeln gießen und im vorgeheizten Backofen bei 220 Grad 20-25 Min. überbacken.

Kartoffel-Hackfleisch-Gratin

Zutaten:

- 1 Aubergine
- 1 gelbe Paprikaschote
- 300 g Tomaten
- 1 Zwiebel
- Salz und Pfeffer
- 200 ml Milch
- 1 Innenbeutel Kartoffelpüree (3 Portionen)
- 100 g geriebenen Käse
- 2 EL Öl
- 200 g Hackfleisch
- 2 Knoblauchzehen
- Etwas Zimt
- 1 TL getrockneten Thymian
- 1 TL getrockneten Oregano
- 50 g Tomatenmark
- 150 g Creme fraíche

Zubereitung:

1. Aubergine, Paprikaschote und Tomaten waschen. Zwiebel schälen. Alles in kleine Stücke schneiden. Salzwasser in einem Topf aufkochen.
2. Topf von der Kochplatte ziehen. Milch dazugießen und den Kartoffelpüree mit einem Schneebesen einrühren. 50 g Käse unterheben und für 5 Min. stehen lassen.
3. Zwiebelstücke in einer Pfanne im heißen Öl dünsten. Hackfleisch dazugeben und ebenfalls anbraten.
4. Gemüse und durchgepressten Knoblauch 5 Min. mit dünsten. Mit Salz, Pfeffer, Zimt, Thymian, Oregano und Tomatenmark abschmecken.
5. Hackfleisch-Gemüse-Masse in eine Auflaufform füllen und die Créme fraíche darüber verteilen. Das Kartoffelpüree ebenfalls darauf verteilen und mit dem übrigen Käse bestreuen.
6. Im vorgeheizten Backofen bei 200 Grad (Umluft 175 Grad) ca. 30-35 Min. goldbraun überbacken.

Kartoffelknödel in Zwetschgensoße

Zutaten:

- 1 kg mehlig kochende Kartoffeln
- 250 g Mehl
- 100 g Pankomehl
- 1 Ei
- 200 g Ziegen-Camembert
- 200 g Paniermehl
- 1 Prise Muskat
- Salz

Für die Zwetschgensoße:

- 500 g Zwetschgen
- 1 rote Zwiebel
- 30 g Butter
- 3 EL Zucker
- 3 EL dunkler Balsamico-Essig
- 50 ml Rotwein
- 2 Zweige Thymian
- Salz und Pfeffer

Zubereitung:

1. Kartoffeln schälen und im kalten Salzwasser zum Kochen bringen. Währenddessen Zwetschgen halbieren, entkernen und die Hälfte nochmals halbieren.
2. Zwiebel schälen und Streifen schneiden. Butter in einer Pfanne zerlassen und Zwiebel und Zwetschgen darin anschwitzen. Mit Zucker bestreuen und karamellisieren.
3. Mit Rotwein und Essig ablöschen. Salz, Pfeffer und Thymian zur Soße geben. Alles bei kleiner Hitze etwas köcheln lassen, gelegentlich umrühren.
4. Die gegarten Kartoffeln zu Brei zerstampfen und etwas abkühlen lassen. Ein Topf mit Salzwasser zum Kochen bringen. Kartoffeln mit Pankomehl, Mehl, Ei und Muskat zu einem Teig verkneten.

6. Den Ziegenkäse in dünne Scheiben schneiden. Nehmen Sie jeweils eine kleine Menge Teig und drücken Sie eine Scheibe Ziegenkäse in die Mitte, danach formen Sie Knödel daraus.
7. In das siedende Salzwasser geben und circa 10-15 garen. Die fertigen Knödel herausnehmen, in Paniermehl wenden und mit der Zwetschgensoße servieren.

Saueres Kartoffelgemüse

Zutaten:

- 1 kg gekochte Kartoffeln
- 40 g Fett
- 60 g Mehl,
- 1 kleine Zwiebel
- 500 ml Flüssigkeit (Brühe, Milch)
- Salz und Pfeffer
- Liebstöckel
- 1 Nelke
- 1 Lorbeerblatt
- 3 EL Essig
- Majoran, Thymian, Muskat

Zubereitung:

1. Aus Fett, Mehl und Zwiebel dunkle Mehlschwitze herstellen, langsam aufgießen, Gewürze dazugeben.
2. Für 30 Min. kochen lassen, die gekochten, in Scheiben geschnittenen Kartoffeln dazugeben, nochmals durchkochen, abschmecken.
3. Einige Scheiben einer sauren Gurke, kurz vor dem Anrichten dazugeben verbessern das Gericht.

Petersilienkartoffelgemüse

Zutaten:

- 1 kg gekochte Kartoffeln
- 40 g Fett
- 40 g Mehl
- 1 TL Zwiebel
- 500 ml Flüssigkeit (Brühe, Milch)
- Salz
- reichlich Petersiliengrün
- Muskat

Zubereitung:

1. Aus Fett, Mehl und Zwiebel helle Mehlschwitze herstellen, langsam aufgießen, etwas salzen, 10 Min. kochen lassen.
2. Die in Scheiben geschnittenen Kartoffeln dazugeben, nochmals durchkochen, mit Muskat und feingeschnittenem Petersiliengrün abschmecken.

Eierkartoffeln

Zutaten:

- 1 kg rohe Kartoffeln
- Salz
- 20 g Fett
- 20 g kleingeschnittener Speck
- Etwas Zwiebel
- 2 Eier
- 125 ml Rahm
- Petersiliengrün
- 1 EL geriebener Käse Zum Bestreuen

Zubereitung:

1. Kartoffeln schälen, in Würfel schneiden, im Kartoffeldämpfer nicht zu weich kochen.
2. Fett und kleingeschnittenen Speck erhitzen, Zwiebel und Kartoffeln darin kurz anbacken.
3. Eier, Rahm und Salz verquirlen, über die Speise geben und einziehen lassen.
4. Vor dem Anrichten mit feingewiegter Petersilie und Käse bestreuen.

Kartoffel Omelett

Zutaten:

- 500 g Kartoffeln
- 60-75 g gewürfelter Speck
- Salz
- 1 Zwiebel
- 125 ml Milch
- 1 EL Weizenmehl
- 2 Eier
- Etwas gehackte Petersilie und Schnittlauch

Zubereitung:

1. Die Kartoffeln mit der Schale waschen und gar kochen, sofort abpellen, abkühlen und lassen.
2. In Scheiben schneiden und in dem auf großer Hitze ausgelassenen Speck mit etwas Salz und der in Würfel geschnittenen Zwiebel erhitzen.
3. Danach auf mittlere Hitze schön braun braten. Milch, Mehl, Eier, etwas Salz und die Kräuter gut miteinander verquirlen.
4. Die Eiermilch über die Kartoffeln gießen (Auf kleiner Hitze), sie muss fest werden, ohne dass man die Kartoffeln durchrührt oder wendet.
5. Wenn die untere Seite des Omeletts gebräunt und die obere fest geworden ist, das Omelett auf eine Schüssel gleiten lassen.

Bechamelkartoffeln

Zutaten:

- 1 kg Kartoffeln

Für die Soße:

- 30 g Butter
- 40 g Schinkenwürfel
- 30 g Weizenmehl
- 60 g Zwiebeln
- 250 ml Wasser oder Brühe
- 250 ml Milch
- Salz und Pfeffer

Zubereitung:

1. Die Kartoffeln mit der Schale waschen, gar kochen lassen, noch heiß abpellen und in Scheiben schneiden.
2. Für die Soße: Die Butter mit den Schinkenwürfeln zerlassen. Das Mehl mit den in Würfel geschnittenen Zwiebeln unter Rühren so lange darin erhitzen, bis es hellgelb ist.
3. Damit keine Klumpen entstehen, das Wasser (Brühe) und die Milch nach und nach dazu gießen und mit einem Schneebesen durchschlagen.
4. Die Soße zum Kochen bringen und für 10 Min. bei schwacher Hitze ziehen lassen. Die Soße nach Belieben durch ein Sieb streichen.
5. Mit den in Scheiben geschnittenen Kartoffeln wieder bei starker Hitze zum Kochen bringen. Mit Salz und Pfeffer abschmecken.

Schnittlauchkartoffeln

Zutaten:

- 1 kg Kartoffeln

Für die Soße:

- 30 g Butter
- 30 g Weizenmehl
- 250 ml Wasser oder Brühe
- 250 ml Milch
- Salz
- 2 EL gehackter Schnittlauch
- Etwas Zitronensaft

Zubereitung:

1. Die Kartoffeln mit Schale waschen, gar kochen lassen, noch heiß abpellen und in Scheiben schneiden.
2. Für die Soße: Die Butter zerlassen. Das Mehl unter Rühren so lange darin erhitzen, bis es hellgelb ist.
3. Damit keine Klumpen entstehen, das Wasser (Brühe) und die Milch nach und nach hinzugießen.
4. Mit einem Schneebesen durchschlagen. Die Soße zum Kochen bringen und 10 Min. auf köcheln lassen.
5. Mit etwas Salz, Schnittlauch und Kartoffeln ziehen lassen. Die Schnittlauchkartoffeln mit Salz und Zitronensaft abschmecken.

Senfkartoffeln

Zutaten:

- 1 kg Kartoffeln

Für die Soße:

- 30 g Butter
- 30 g Weizenmehl
- 500 ml Wasser oder Brühe
- Salz
- 1-2 EL Senf
- Etwas Essig
- Prise Zucker

Zubereitung:

1. Kartoffeln mit Schale waschen, gar kochen lassen, noch warm abpellen und in Scheiben schneiden.
2. Für die Soße: Die Butter zerlassen. Das Mehl dazugeben und unter Rühren so lange darin erhitzen, bis es hellgelb ist.
3. Es dürfen keine Klumpen entstehen, das Wasser (Brühe) nach und nach hinzugießen und mit einem Schneebesen gut verrühren.
4. Die Soße zum Kochen bringen und 10 Min. bei schwacher Hitze mit den Kartoffeln und Salz ziehen lassen. Das Gericht mit Senf, Salz, Essig und Zucker abschmecken.

Skubanki mit Mohn

Zutaten:

- 600 g mehlig kochende Kartoffeln
- 150 g Mehl
- 100 g Butter
- 250 g geriebener Mohn
- Zucker

Zubereitung:

1. Die Kartoffeln schälen, vierteln und in Salzwasser kochen. Das Wasser abgießen.
2. Die Kartoffeln zerstampfen, in den Kartoffelbrei mehrere Vertiefungen drücken und darin das Mehl verteilen.
3. Den Kartoffelbrei mit dem Mehl zugedeckt am Herdrand oder auf ganz schwacher Flamme etwa 20 Min. mit Butter dämpfen.
4. Danach das Mehl gut unter den Kartoffelbrei heben und je nach Geschmack etwas salzen.
5. Mit einem Löffel Nockerl abstechen und diese mit Mohn und Zucker anrichten.

Kartoffelpizza

Zutaten:

- 200 g mehlig-festkochende Kartoffeln
- Petersilienstiele
- Je 1 Zweiglein Thymian Estragon und Majoran
- Salz, Muskat, Pfeffer
- 1 Dose Tomatenmark
- 2 cl Rotwein
- 1 TL Oregano
- 1 Knoblauchzehe
- 50 g Salami, in Scheiben
- 2 Fleischtomaten, in Scheiben geschnitten
- 1 Glas Artischockenherzen
- 5 gefüllte Oliven
- 1 EL Parmesan
- 1 TL Olivenöl

Zubereitung:

1. Die Kartoffeln in der Schale in Salzwasser mit den Petersilienstielen und Kräutern etwa 20 Min. kochen, abgießen, pellen und anschließend pürieren.
2. Das Ei trennen. Das Eigelb mit dem Handmixer unter das Kartoffelpüree heben und würzen. Das Eiweiß mit einer Prise Salz steif schlagen und unter das Püree mischen.
3. Eine Pieform oder Springform mit Olivenöl dünn auspinseln, das Püree hineingeben, glattstreichen.
4. Tomatenmark mit Wein, Oregano und der zerdrückten Knoblauchzehe verrühren und auf den Teig streichen.
5. Salami, Tomaten und geteilte Artischockenherzen darauf verteilen. Oliven halbieren und ebenfalls verteilen.
6. Die Pizza mit dem Olivenöl beträufeln, mit Parmesan bestreuen. Für 25-30 Min. in den vorgeheizten Backofen bei 180 Grad backen.

Kartoffelgratin

Zutaten:

- 800 g Kartoffeln
- 2 Eier
- 3 Tomaten
- 1 Zwiebel
- ½ Bund Petersilie
- 1 EL Keimöl
- Pfeffer, Salz, Paprika
- 100 ml Sahne
- 100 ml Milch
- 1 Eigelb
- 4 EL gerieb. Emmentaler

Zubereitung:

1. Kartoffeln mit Schale in Salzwasser etwa 20 Min. gar kochen, abgießen und pellen. Eier hartkochen, kalt abschrecken und schälen. Tomaten waschen und in Scheiben schneiden.
2. Zwiebel schälen und in dünne Scheiben schneiden. Petersilie waschen und feinhacken. Tomaten in Öl in einem Topf einige Min. dünsten, Zwiebelscheiben und Petersilie dazugeben und ebenfalls noch einige Min. durchziehen lassen.
3. Kartoffeln und Eier in Scheiben schneiden. Auflaufform einfetten und mit einer Schicht Kartoffeln auslegen, Eierscheiben darauf verteilen und Tomaten-Zwiebel-Mischung darüber gießen. Jede Schicht salzen und pfeffern.
4. Mit den restlichen Kartoffeln oben einen Deckel auflegen. Sahne, Eigelb und Käse verrühren und mit Salz, Pfeffer, Paprika würzen.
5. Die Soße über die Kartoffeln gießen und im vorgeheizten Backofen bei 220 Grad etwa 20 Min. überbacken.

Kartoffel-Tortilla mit Kohlrabi

Zutaten:

- 200 g Zwiebeln
- 500 g festkochende Kartoffeln
- 600 g Kohlrabi
- 125 g rote Spitzpaprika
- 3 EL ÖL
- 2 Knoblauchzehen
- Salz und Pfeffer
- 1 Bund glatte Petersilie
- 4 Eier
- 125 ml Milch

Zubereitung:

1. Zwiebeln und Kartoffeln schälen und in feine Scheiben hobeln. Kohlrabi schälen, vierteln und ebenfalls in feine Scheiben hobeln.
2. Spitzpaprika waschen, halbieren, entkernen und Hälften quer in Stifte schneiden. (ca. 0,5 cm breite).
3. Öl in Pfanne erhitzen und Kartoffeln und Zwiebeln darin ca. 5 Min. anbraten. Kohlrabi dazugeben und ca. 5 Min. mit anbraten.
4. Knoblauch schälen, auspressen und dazu geben. Paprika ebenfalls dazugeben. Mit Salz und Pfeffer würzen und unter Rühren weitere 5 Min. anbraten.
5. Währenddessen den Backofen auf 180 Grad vorheizen. Petersilie abbrausen, trocken schütteln, Blättchen abzupfen, ca. 1 EL für die Garnitur beiseitelegen.
6. Den Rest grob hacken und unter die Kohlrabi-Kartoffel-Mischung heben. Eier mit Schneebesen verquirlen.
7. Milch unterrühren und Mischung salzen und pfeffern. Kohlrabi-Kartoffel-Mischung mit der Eier-Milch-Mischung übergießen.
8. Alles gut verteilen und für ca. 30 Min. backen, bis das Ei gestockt ist. Tortilla aus dem Backofen nehmen, in Stücke schneiden. Mit Petersilie garnieren und servieren.

Süßkartoffeln mit Gemüsefüllung

Zutaten:

- 4 kleine Süßkartoffeln
- 1 EL Olivenöl
- 1 kleine Zwiebel
- 1 Knoblauchzehe
- 1 TL gemahlener Koriander
- ½ TL gemahlener Kreuzkümmel
- 200 g Tomaten, geschält und gewürfelt
- 2 TL Tomatenmark
- 200 g Kichererbsen aus der Dose abgetropft
- Meersalz und Pfeffer
- 4 EL frisch gehackter Koriander
- 115 g fettarmer Joghurt

Zubereitung:

1. Den Backofen auf 190 Grad vorheizen. Die Süßkartoffeln geputzt mit einer Gabel einstechen, auf ein Backblech legen und 45—50 Min. im vorgeheizten Backofen backen, bis sie weich sind, wenn man dagegen drückt.
2. Währenddessen das Öl in einer Pfanne erhitzen und die klein gehackten Zwiebeln darin 4—5 Min. dünsten, bis sie weich sind. Den fein gehackten Knoblauch, den Koriander und Kreuzkümmel einrühren und 1 Min. weitergaren.
3. Tomaten, Tomatenmark und Kichererbsen einrühren und alles mit etwas Salz und Pfeffer bestreuen. Abdecken und 10 Min. köcheln lassen.
4. Danach vom Herd nehmen und beiseitestellen. Die Süßkartoffeln auf einen Teller geben, jede der Länge nach fast ganz auf schneiden und etwas öffnen.
5. Die Kichererbsen erneut erhitzen und über die Kartoffeln geben. Die Hälfte des frischen Korianders in den Joghurt rühren, diesen auf den Kichererbsen verteilen. Mit dem restlichen Koriander bestreuen und sofort servieren.

Süßkartoffeln vom Grill mit Heidelbeer-Dip

Zutaten:

- 4-5 Süßkartoffeln
- 6 EL Bratöl
- 190 ml Orangensaft
- 2 TL Chiliflocken
- 2 TL gemahlener Koriander

Für den Dip:

- 130 g Heidelbeeren
- 200 g Feta
- 230 g körniger Frischkäse
- 40 g rote Zwiebeln
- 1 Zweig Rosmarin
- 1 EL flüssiger Honig
- 2 EL Weißweinessig
- Salz und Pfeffer

Zubereitung:

1. Für den Dip Heidelbeeren mit kaltem Wasser abspülen und abtropfen lassen. In einer Schüssel den Feta hineingeben und mit einer Gabel fein zerkrümeln.
2. Frischkäse dazugeben, vermischen und die Masse etwas zerdrücken. Zwiebeln schälen und würfeln. Rosmarin abbrausen, trocken schütteln, Nadeln abzupfen und fein hacken.
3. Honig, Essig, Rosmarin, Zwiebeln und Heidelbeeren in eine Schüssel geben und alles gut verrühren.
4. Mit Salz und Pfeffer würzen und beiseitestellen. Süßkartoffeln schälen und quer in ca. 1 cm dicke Scheiben schneiden.
5. Öl mit Orangensaft, Chiliflocken, Koriander, Kreuzkümmel, Salz und Pfeffer verrühren.
6. Die Süßkartoffelscheiben in die Marinade geben und 1 Stunde einziehen lassen. Etwas Marinade für später zur Seite stellen.
7. Die Scheiben unter Wenden für ca. 20 Min. grillen. Wenn die Scheiben weich und gebräunt sind. Mit Rest Marinade einpinseln. Mit dem Heidelbeerdip servieren.

Mexikanische Kartoffelpfanne

Zutaten:

- 800 g festkochende Kartoffeln
- 4 EL Pflanzenöl
- 400 g Tomaten
- 1 Gemüsezwiebel
- 2 grüne Paprika
- 2 Chilischoten
- Salz und Pfeffer
- 200 g Fetakäse
- ½ Bund Koriander

Zubereitung:

1. Tomaten, Paprikaschoten, Korianderzweige und Chilischoten unter kaltem Wasser abspülen und abtropfen lassen. Tomaten, Paprika und Chilischoten in feine Stücke schneiden.
2. Den Koriander grob hacken. Den Fetakäse abtropfen lassen und erstmal im Kühlschrank aufbewahren. Kartoffeln waschen, schälen und in kleine Stücke schneiden.
3. Die Zwiebeln schälen und ebenfalls in Stücke schneiden. Öl in einer Pfanne erhitzen, Kartoffelstücke hineingeben und für 20 Min. anbraten. Hin und wieder wenden.
4. Nach etwa 10 Min. Zwiebelstücke hinzufügen. Nachdem die Kartoffelstücke gar sind, werden die Tomaten- und Paprikastücke dazugeben.
5. Alles gut umrühren mit Salz und Pfeffer würzen. Für 10 bis 15 Min. weiter garen. Tomaten und Paprikastücke sollten gar aber noch knackig sein.
6. Den Fetakäse zerkrümeln und mit dem frisch, gehackten Koriander untermischen und auf Teller servieren. Dazu passen schwarze Bohnen und Salsa Verde.

Kartoffelpfanne mit Thunfisch

Zutaten:

- 1,5 kg Kartoffeln
- 1 Dose Thunfisch in Öl (ca. 150 g)
- 1 Dose Thunfisch, naturell (ca. 300 g)
- 3 Zwiebeln
- 500 ml Fleisch- oder Gemüsebrühe
- 500 g pürierte Tomaten
- 1 EL Olivenöl
- 1 Knoblauchzehe
- Kräuter (Rosmarin, Thymian, Majoran oder Oregano)
- Salz und Pfeffer

Zubereitung:

1. Kartoffeln schälen und in Stücke schneiden. Tomaten waschen, in Stücke schneiden und pürieren. Den Thunfisch in Öl abgießen und das Öl auffangen.
2. Olivenöl mit den aufgefangen Thunfisch Öl in einer Pfanne mit den gehackten Zwiebeln und Knoblauch anbraten. Wenn die Zwiebeln glasig sind, dann mit der Brühe ablöschen.
3. Danach die Kartoffelstücke und die pürierten Tomaten dazugeben und alles aufkochen. Nach 10 Min. beide Thunfischsorten inkl. Flüssigkeit dazugeben.
4. Mit Salz, Pfeffer und Kräutern würzen. Nochmals aufkochen bis die Kartoffelstücke gar sind. Nach Bedarf etwas Brühe dazugießen, wenn kaum noch Flüssigkeit vorhanden ist.
5. Darauf achten das das Gericht nicht zu flüssig wird!

Offenkartoffel gefüllt mit Ricotta

Zutaten:

- 4 große Kartoffeln (á 300 g)
- Etwas Butter

Für die Füllung:

- 2 Knoblauchzehen
- Abrieb 1 Zitrone
- 250 g Ricotta
- Pfeffer und Salz
- Olivenöl
- 1,5 k greife Eiertomaten
- 2- 3 Zweige Oregano
- 20 schwarze Oliven, entkernt und halbiert

Zubereitung:

1. Den Backofen auf 200 Grad vorheizen. Kartoffeln waschen (mit Schale) und auf der Oberseite kreuzweise etwas einschneiden. Die Kartoffel mit Butter einfetten und in Alufolie wickeln.
2. Die Kartoffeln in den Backofen geben und 50-60 Min. kochen lassen. Für die Ricotta Füllung eine ½ Knoblauchzehe fein hacken und mit dem ½ Abrieb der Zitronenschale mischen.
3. Mit Salz, Pfeffer und etwas Zitronensaft abschmecken. Mit einem Schuss Olivenöl untermengen.
4. Für das Tomatenragout, die Tomaten kreuzweise ein schneiden und 30 Sek. in heißem Wasser blanchieren. Häuten, entkernen und das Tomatenfleisch in kleine Stücke schneiden.
5. In einem Topf mit etwas Olivenöl die Knoblauchzehen bei schwacher Hitze leicht anschwitzen lassen, bis sie Farbe bekommen.
6. Das Tomatenfleisch dazugeben und für 10 Min. bei schwacher Hitze köcheln lassen. Bei Bedarf etwas Wasser dazu gießen.
7. Den Oregano waschen, Blätter abzupfen, ein paar Blätter zum Dekorieren beiseitelegen. Oregano, halbierte, entkernte Oliven und 2 EL Olivenöl dazugeben und mit Pfeffer und Salz abschmecken (warmhalten).

8. Kartoffeln aus der Alufolie nehmen und mit einem Löffel in die Mitte leicht aufbrechen und die Ricotta Füllung darauf setzen.
9. Die Tomatensauce in tiefe Teller geben und mit etwas Olivenöl beträufeln. Die gefüllten Ofenkartoffeln in die Tomatensauce setzen und mit Rest Oregano dekorieren.

Gefüllte Rösti-Rolle

Zutaten:

- 4 mittelgroße Kartoffeln
- 3 Karotten
- 2 Schalotten
- 3 Eier
- 1 Handvoll Schnittlauch
- etwas Muskatnuss
- Salz und Pfeffer
- 400 g Kräuterfrischkäse
- 6 Scheiben Kochschinken
- 100 g Reibekäse

Zubereitung:

1. Kartoffeln und Karotten schälen und reiben. Das geriebene in einer Schüssel geben und mit gewürfelten Schlotten vermischen. Schnittlauch, Eier und eine Prise Muskatnuss dazugeben.
2. Den Teig mit Salz und Pfeffer würzen und gut verkneten. Danach die Masse auf ein mit Backpapier ausgelegtes Backblech verteilen.
3. Die Eimasse ca. 30 Min. bei 169 Grad (Umluft) im vorgeheizten Backofen backen.
4. Aus dem Backofen nehmen, etwas abkühlen lassen und die Hälfte des Frischkäses darauf verteilen.
5. Den Schinken darauf verteilen und den restlichen Frischkäse darüber streichen. Als nächstes von der langen Seite her mithilfe des Backpapiers eine Rolle einrollen.
6. Als letztes den Reibekäse darüberstreuen und die Rolle für weitere 15 Min. überbacken lassen.

Kartoffel-Lasagne

Zutaten:

- 2 Zwiebeln
- 1 Knoblauchzehe
- 300 g gemischtes Hackfleischt
- 2 Dosen Pizzatomaten
- 1 TL italienische Kräuter
- 2 EL Butter
- 2 EL Mehl 350 ml Gemüsebrühe
- 350 ml Milch (fettarm)
- 1,2 kg festkochende Kartoffeln
- 100 g geriebener Käse
- Etwas Muskatnuss
- Salz und Pfeffer

Zubereitung:

1. Knoblauch und Zwiebeln schälen und in kleine Stücke schneiden. In einem großen Topf Öl erhitzen und das Hackfleisch krümelig anbraten.
2. Knoblauch und Zwiebeln kurz mitbraten. Pizzatomaten und Kräuter drunter mischen. Für 15 Min. köcheln lassen und mit Salz und Pfeffer abschmecken.
3. Den Backofen auf 180 Grad (Umluft) vorheizen. In einem Topf die Butter zerlassen, Mehl darüber stäuben und unter Rühren für 1 Min. andünsten lassen.
4. Zum Ablöschen die Gemüsebrühe dazugießen und weiter rühren. Milch dazugießen und bei mittlere Hitze für 5 Min. köcheln lassen. Die Sauce mit Salz, Pfeffer und Muskat würzen.
5. Kartoffeln schälen und sehr dünne Scheiben schneiden.
6. Eine Auflaufform einfetten und als erstes die helle Sauce hineingießen, dann ein Lage Kartoffelscheibchen darauf verteilen, danach die Hacksauce darüber geben.
7. Zuletzt wieder die helle Sauce darüber verteilen. Den Vorgang wiederholen, die letzte Schicht sollte helle Sauce sein.
8. Den geriebenen Käse auf der Lasagne verstreuen und im vorgeheizten Backofen für 1 Std. backen.

Kartoffel-Auflauf aus dem Tontopf

Zutaten:

- 2 Zwiebeln
- 1 altbackenes Brötchen
- 500 g Rinderhack
- 2 Eier
- 150 g Karotten
- 1 TL gekörnte Brühe
- 2 TL Kreuzkümmel
- Salz und Pfeffer
- 500 g Champignons
- 500 g festkochende Kartoffeln
- 200 g Creme fraíche
- 1 Bund gehackte Petersilie

Zubereitung:

1. Zuerst den Tontopf mit Deckel ca. 15-20 Min. wässern. Das Brötchen in Wasser einweichen und ausdrücken.
2. Zwiebeln schälen und fein würfeln. Karotten schälen und in Stifte schneiden.
3. Das Hackfleisch in eine Schüssel geben und mit Brötchen, Karotten, Zwiebeln und Eiern zu einer homogenen Masse verarbeiten. Mit Thymian, Salz, Pfeffer und Brühe würzen.
4. Die Champignons putzen und feine Scheiben schneiden. Die Kartoffeln schälen und ebenfalls in feine Scheiben schneiden.
5. Die Zutaten Schichtweise im Tontopf einbetten, angefangen von den Kartoffelscheiben, Fleischmasse, Champignons, mit den Kartoffelscheiben das Einbetten beenden.
6. Creme fraíche, Petersilie, Salz und Pfeffer verrühren und über den Auflauf verteilen.
7. Den Deckel draufsetzten und den Tontopf in den Backofen schieben.
8. Bei 180 Grad Umluft (200 Grad Ober- und Unterhitze) für ca. 2 Std. garen.

Veganer Kartoffelgulasch

Zutaten:

- 1,5 kg mehligkochende Kartoffeln
- 2 Möhren
- 4 Zwiebeln
- 1 Knoblauchzehe
- 2 TL Gulaschgewürz
- 1 Lorbeerblatt
- 50 g Butter
- Salz

Zubereitung:

1. Den Tontopf mit Deckel ca. 15-20 Min. wässern. Kartoffel schälen und in Stücke schneiden.
2. Möhren schälen und in Scheiben schneiden.
3. Zwiebeln schälen und in vier Keile schneiden. Knoblauchzehe schälen und zerteilen von der Knolle.
4. Den Tontopf mit Butter einfetten. Zwiebelkeile und Knoblauch mit Butter in einem Topf erhitzen.
5. Karotten und Kartoffeln hinzufügen, gut verrühren. Solange dünsten bis sich Röstaromen entwickelt haben. Dabei ständig umrühren.
6. Wasser dazugießen bis alles bedeckt ist. Den Gewürzgulasch und das Lorbeerblatt dazugeben. Für 1-2 Min. unter Rühren köcheln lassen, dabei etwas salzen.
7. Den kompletten Topfinhalt inkl. Sud in den Tontopf füllen, deckeln und für 40-45 Min. bei 200 Grad Umluft fertig garen.

Nordafrikanischer Schmortopf

Zutaten:

- 500 g festkochende Kartoffeln
- 500 g Süßkartoffeln
- Salz und Pfeffer
- 2 Karotten
- 1 Kleine Zucchini
- 2-3 Fleischtomaten
- 1 Zwiebel
- EL Öl
- 1 TL Harissa-Paste
- 150 ml Gemüsebrühe
- 1 Dose Kichererbsen (450 ml)
- ½ Bund Petersilie

Zubereitung:

1. Kartoffeln und Süßkartoffeln schälen und in kleine Stücke schneiden. Kartoffelnstücke in Salzwasser für 12 Min. garen. Süßkartoffeln nach 6 Min. dazugeben und mitgaren.
2. Karotten schälen und in Scheiben schneiden. Für 3 Min. in Salzwasser kochen. Zucchini waschen, in 2-3 cm große Stücke schneiden.
3. Tomaten überbrühen, häuten und würfeln. Zwiebel schälen und klein hacken. Zwiebelnwürfeln in Öl dünsten. Tomaten dazugeben und kurz mit dünsten.
4. Harissa einrühren, abgegossene Kartoffelnstücke, Süßkartoffeln und Karotten dazugeben und 5 Min. unter Rühren garen. Brühe dazugießen und aufkochen.
5. Zucchini dazugeben. Kichererbsen unter kaltem Wasser abspülen, abtropfen lassen und zum Gemüse geben.
6. Zugedeckt für 10-15 Min. garen. Mit Salz und Pfeffer abschmecken. Petersilie waschen, fein hacken und unterrühren. Dazu passt Couscous sehr gut.

Gefüllte Kartoffeln aus dem Ofen

Zutaten:

- 4 große Kartoffeln
- 200 g Leberwurst mit Schnittlauch
- 100 g Créme fraíche
- 1-2 TL Senf
- 3-4 Gewürzgurken
- 4 geschälte Zwiebeln
- 2 EL Butter
- Salz und Pfeffer
- Frische Kräuter (Petersilie, Majoran)

Zubereitung:

1. Kartoffeln säubern, die Kartoffeln einzeln in Folie wickeln und im vorgeheizten Backofen bei 200 C (Umluft: 180 Grad) ca. 60-90 Min. garen.
2. Leberwurst mit Créme fraiche und Senf verrühren. Gewürzgurken würfeln. Zwiebeln in Ringe schneiden und in zerlassener Butter goldbraun braten. Mit Salz und Pfeffer würzen.
3. Kartoffeln aus der Folie wickeln und der Länge nach, die Deckel abschneiden und aushohlen. Inneres zerdrücken oder nach Belieben würfeln.
4. Mit Gewürzgurken zur Leberwurst geben und mit Salz und Pfeffer abschmecken.
5. Die Füllung in die Kartoffeln geben und im Backofen kurz erhitzen.
6. Mit geschmorten Zwiebelringen und mit frischen Kräutern, Schnittlauchringen, Gewürzgurken und Tomatenvierteln garnieren und servieren.

Saure Kartoffeln mit Speck

Zutaten:

- 1 kg mittelgroße Kartoffeln
- ½ TL Salz
- 60 g magerer Speck
- 20 g Mehl
- 2 EL Apfelessig

Zubereitung:

1. Die Kartoffeln schälen und in Würfel schneiden und in Salzwasser weich garen.
2. Das Kochwasser abgießen und auffangen. Die Kartoffeln etwas ausdampfen und im Kochtopf warm halten.
3. Für die Sauce den Speck fein würfeln und in einer Pfanne knusprig braten. Das Mehl dazugeben und unter Rühren anschwitzen.
4. Das Kartoffelkochwasser unter Rühren dazugießen und alles zu einer dickflüssigen Sauce kochen.
5. Danach den Essig einrühren und bei schwacher Hitze etwa 5 Min. köcheln lassen.
6. Die Sauce über die Kartoffeln gießen, alles gut durchrühren und servieren.

Suppen

Süßkartoffeln-Suppe mit Äpfeln

Zutaten:

- 1 EL Butter
- 3 Porreestangen
- 1 große Karotte
- 600 g Süßkartoffeln
- 2 große Äpfel
- Etwas Muskatnuss
- 250 ml Apfelsaft
- 250 g Schlagsahne
- Salz und Pfeffer
- gehackter Schnittlauch zum Garnieren

Zubereitung:

1. Die Butter in einem Topf zerlassen. Den Porree in feine Ringe schneiden und dazugeben, abdecken und unter häufigem Rühren 6—8 Min. dünsten, bis er weich ist.
2. Karotte schälen und in dünne Scheiben schneiden. Süßkartoffeln schälen und würfeln und mit den Karotten dazugeben. Äpfel schälen, entkernen, würfeln und mit 1,2 Liter Wasser dazugießen. Mit Salz, Pfeffer und Muskatnuss würzen.
3. Alles zum Kochen bringen, die Hitze senken und unter gelegentlichem Rühren 20 Min. abgedeckt köcheln lassen, bis das Gemüse weich ist.
4. Die Suppe leicht abkühlen lassen und mit einem Stabmixer im Topf pürieren. Den Apfelsaft einrühren und auf niedriger Stufe 10 Min. erhitzen, bis die Suppe heiß ist.
5. Die Sahne einrühren und unter häufigem Rühren 5 Min. weitererhitzen, bis alles Heiß ist.
6. Mit Salz, Pfeffer und Muskatnuss abschmecken. Die Suppe mit frischem gehacktem Schnittlauch garniert servieren.

Kartoffeleintopf mit grüne Bohnen

Zutaten:

- 1 rote Zwiebel
- 2 Knoblauchzehen
- 2 EL Olivenöl
- 1 Päck. TK-Suppengrün
- 600 g mehligkochende Kartoffeln
- 1 Lorbeerblatt
- 1 TL Bohnenkraut
- 750 ml Gemüsebrühe
- 450 g grüne Bohnen
- 1 Dose Kidneybohnen
- 1 Dose weiße Bohnen
- 3 getrocknete Tomaten

Zubereitung:

1. Die Kartoffel waschen, schälen und in Würfel schneiden. Die grünen Bohnen waschen und halbieren.
2. Kidneybohnen und weiße Bohnen abtropfen lassen und mit Wasser abspülen.
3. Zwiebeln und Knoblauch schälen und in kleine Stücke schneiden. Die getrockneten Tomaten fein hacken.
4. Olivenöl in einem Topf erhitzen und Knoblauch und Zwiebeln darin andünsten, solange dünsten bis die Zwiebeln glasig sind.
5. Suppengrün, Kartoffelnwürfel, Lorbeerblatt und das Bohnenkraut dazugeben und mit der Gemüsebrühe ablöschen.
6. Für 15 Min. auf mittlere Hitze köcheln lassen. Gelegentlich umrühren.
7. Kidneybohnen, weiße Bohnen und die grünen Bohnen mit in den Topf geben, gut umrühren und für weitere 15 Min. kochen lassen, bis die grünen Bohnen gar sind.
8. Das Lorbeerblatt herausnehmen und den Topf vom Herd ziehen. Den Eintopf etwas pfeffern und salzen und servieren.

Oktoberfest-Suppe

Zutaten:

- 2 Bund Frühlingszwiebeln
- 800 g mehligkochende Kartoffeln. Vorgekocht
- 150 g durchwachsender Räucherspeck
- 2 Knoblauchzehen
- Nach Belieben ½ Bier
- 1 Liter Gemüsebrühe
- 200 g Crème Fraîche
- 2 Eigelbe
- Pfeffer und Salz

Zubereitung:

1. Frühlingszwiebeln waschen und in dünne Ringe schneiden. Den Speck in kleine Stücke schneiden. Die vorgekochten Kartoffeln pellen und würfeln.
2. In einem Topf den Speck knusprig braten. Knoblauch schälen und dazu pressen. Frühlingsringe und Kartoffelwürfel mit dazugeben und kurz anbraten.
3. Nach Belieben mit Bier und der Gemüsebrühe ablöschen und für 15 Min. kochen lassen.
4. Eigelbe mit dem Creme fraíche glatt rühren und mit Pfeffer und Salz und zur Suppe geben.
5. Die Suppe nicht mehr kochen lassen, abschmecken und mit Schnittlauchröllchen bestreut servieren.

Kartoffel-Suppe mit Forelle

Zutaten:

- 500 g mehligkochende Kartoffeln
- 1-1,5 Liter Gemüsebrühe
- 1 Zwiebel
- 250 ml Sahne
- 3 EL Joghurt
- 200 g Suppengemüse (Sellerie, Karotten, Lauch)
- 3 Frühlingszwiebeln
- 2 geräucherte Forellenfilets
- Salz und Pfeffer
- 4 Scheiben Toastbrot
- 50 g Butter

Zubereitung:

1. Kartoffeln schälen, vierteln in der Gemüsebrühe für 20 Min. weich kochen.
2. Die Sahne dazugeben und pürieren. So pürieren das die Suppe die beliebige Konsistenz bekommt.
3. Sollte die Suppe zu dickflüssig sein, etwas Sahne oder Gemüsebrühe hinzugeben.
4. Sellerie, Karotten und Lauch in dünne Streifen schneiden und zur Suppe geben, solange köcheln lassen bis das Gemüse gar ist.
5. Danach die Suppe etwas pfeffern und salzen und mit dem Joghurt verfeinern. Die Forellenfilets in mundgerechte Stücke schneiden.
6. Die Frühlingszwiebeln in dünne Ringe schneiden und beides in die Suppe rühren.
7. Ab jetzt die Suppe nicht mehr kochen lassen, sondern nur bei schwacher Hitze einziehen lassen.
8. Die Toastbrotscheiben in Stücke schneiden und in einer Pfanne mit etwas Butter hellbraun rösten. Die Croutons beim Servieren über die Suppe verteilen.

Kartoffel-Bohnen-Eintopf

Zutaten:

- 1 EL Butter
- 250 ml Kochsahne (15 % Fett)
- 400 g Kartoffeln
- 1 Pack. dicke Bohnen (TK oder frisch)
- 2 Schalotten
- 3 EL Pflanzenöl
- Salz
- Etwas Muskat
- Etwas Bohnenkraut
- 200 g magere Speckstreifen
- Petersilie zum Garnieren

Zubereitung:

1. Den Tontopf mit Deckel ca. 15-20 Min. wässern und mit Butter einfetten. Die Sahne in den Tontopf geben.
2. Bohnen, Salz, Muskat und Bohnenkraut ebenfalls hinzufügen.
3. Schalotten schälen, in Scheiben schneiden, in Öl andünsten und im Tontopf verteilen.
4. Kartoffeln schälen, in Scheiben schneiden und ebenfalls dazugeben.
5. Ein paar Butter Flocken oben drauf setzten und den Tontopf deckeln.
6. Bei 250 Grad 1 ½ Std. schmoren lassen. Mit gehackter Petersilie servieren.

Kartoffelsuppe mit Wienerle

Zutaten:

- 500 g Kartoffeln
- 3 Karotten
- 30 g Butter
- 1 große Zwiebel
- 1 Stange Lauch
- 1 Bund Petersilie
- 2 EL Mehl
- 3 TL gekörnte Gemüsebrühe
- Salz und Pfeffer
- Muskat
- 100 ml Sahne
- 2 Paar Wienerle

Zubereitung:

1. Kartoffeln und Karotten schälen und in kleine Stücke schneiden. Für 20-25 Min. gemeinsam im Salzwasser garen.
2. Butter in einer Pfanne zerlassen und die fein geschnittene Zwiebel, Lauch sowie die gehackte Petersilie darin andünsten. Etwas Mehl einstreuen.
3. Die gegarten Kartoffeln- und Karottenstücke durch den Spätzledrücker pressen und mit etwa 1 Liter Wasser aufgießen.
4. Die Zwiebel-Lauch-Mischung, Gemüsebrühe, Salz, Pfeffer und Muskat hinzufügen. Je nach Geschmack mit etwas Sahne verfeinern.
5. Die Würstchen in Scheiben schneiden und in die Suppe geben und etwa 10 Min. köcheln lassen und danach servieren.

Kartoffel-Lauch-Suppe

Zutaten:

- 500 g mehlig kochende Kartoffeln
- 2 Stangen Lauch
- 1 Karotte
- 1 EL Öl
- 750 ml Gemüsebouillon
- 125 ml süße Sahne
- 120 g Raucherfisch (z.B. Schillerlocke)
- 90 g körniger Frischkäse
- 2 EL Schnittlauchröllchen

Zubereitung:

1. Kartoffeln schälen und in feine Stücke schneiden. Lauch waschen und zum Dekorieren in Streifen schneiden und erstmal beiseitelegen. Den Rest längs in Ringe schneiden.
2. Karotte schälen und feine Würfel schneiden. Öl in einem Topf erhitzen Kartoffeln, Lauch und Karotte darin andünsten.
3. Mit Gemüsebouillon aufgießen und bei mittlerer Hitze etwa 20 Min. garen. Die Suppe auf die gewünschte Konsistenz pürieren.
4. Die Sahne dazugeben und erhitzen. Räucherfisch in Stücke schneiden und ebenfalls hinzufügen.
5. Die Kartoffel-Lauch-Suppe auf Teller verteilen. Vom Frischkäse mit 2 TL Klößchen formen und auf die Suppe setzen. Lauchstreifen und Schnittlauch darüber streuen.

Cremige Kartoffelsuppe

Zutaten:

- 1 Pack. cremiger Brotaufstrich (z.B. Classic Legere)
- 1 Liter Gemüse-Bouillon
- 300 g mehlige Kartoffeln
- 200 g Möhren
- 1 Lauchstange (ca. 120 g)

Zubereitung:

1. Brotaufstrich und Gemüsebrühe in einem Topf verrühren und für etwa 3 Min. bei mittlerer Hitze kochen lassen. Kartoffeln schälen und würfeln.
2. Möhren schälen un feine Stücke oder Streifen schneiden. Den Lauch waschen und in Ringe schneiden und mit dazu geben.
3. Die Suppe etwa 15-20 Min. bei leichter Hitze köcheln lassen.

Kartoffel-Suppe mit Kräutern

Zutaten:

- 250 g Kartoffeln
- 50 g Butter
- 50 ml Weißwein
- 800 ml Brühe
- 200 g Schlagsahne
- Salz und Pfeffer
- 1 Bd. gemischte Kräuter (z.B. Schnittlauch, Basilikum, Petersilie)
- 1 Camembert
- 1 Pack. Brotchips

Zubereitung:

1. Kartoffeln schälen und würfeln. Butter in einer Pfanne zerlassen. Die Kartoffeln darin bei mittlerer Hitze anbraten, bis sie rundherum goldgelb sind.
2. Weißwein dazugießen und für 3 Min. köcheln. Die Brühe und die Sahne dazu gießen. Mit Salz und Pfeffer würzen. Für ca. 25 Min. köcheln lassen.
3. Kräuter waschen, trockenschütteln, fein hacken und mit der Hälfte der Suppe pürieren. Das Püree zu den Rest Kartoffeln zurück in den Topf geben und kurz verrühren.
4. Den Camembert in dünne Scheiben schneiden und auf den Brotchips anrichten. Die Chips im vorgeheizten Ofen bei 200 Grad (Umluft: 180 Grad) kurz backen, bis der Käse zu schmelzen beginnt. Zur Suppe servieren.

Kartoffel-Eintopf mit Maronen

Zutaten:

- 200 g Maronen
- 500 g Steckrüben
- 400 g Kartoffeln
- 200 g Möhren
- 4 Stiele Bohnenkraut
- 600 ml Gemüsebrühe
- Etwas Salz und Pfeffer
- 1 EL Mehl
- Kräuter zum Garnieren

Zubereitung:

1. Die Schalen der Maronen kreuzweise einritzen, auf ein Blech geben und im vorgeheizten Ofen (E-Herd: 220 Grad, Umluft: 200 Grad) ca. 20 Min. backen, bis die Schale an den Schnittstellen aufreißt.
2. Steckrüben und Kartoffeln schälen, in Würfel schneiden. Möhren schälen, in Scheiben schneiden. Bohnenkraut waschen, trocken schütteln.
3. Brühe aufkochen, Steckrüben, Kartoffeln, Möhren und Bohnenkraut dazugeben. Salzen, pfeffern, aufkochen und zugedeckt 20 Min. garen.
4. Maronen aus dem Ofen nehmen, kurz abkühlen lassen, dann schälen und in Stücke teilen. Zum Eintopf geben und weitere 5 Min. mitgaren.
5. Mehl mit 4 EL kaltem Wasser glatt rühren, Eintopf damit leicht andicken und nochmals aufkochen lassen.
6. Mit Salz und Pfeffer abschmecken. Nach Belieben mit frischem Bohnenkraut oder Thymian garniert servieren.

Oma's Kartoffelsuppe

Zutaten:

- 400 g Kartoffeln
- Suppengrün (Karotten, Sellerie, Porree)
- Etwas Salz
- 1 Liter Wasser oder Brühe
- 50 g geschnittener Speck
- 1 EL Weizenmehl
- Einige Tropfen Suppenwürze
- Etwas gehackte Petersilie oder Schnittlauch

Zubereitung:

1. Die Kartoffeln schälen, waschen, klein schneiden, mit dem gewaschenen, zerschnittenen Suppengrün und etwas Salz in die kochenende Flüssigkeit geben.
2. Zum Kochen bringen, bei kleiner Hitze weich kochen und durch ein Sieb streichen. Das Fett bei hoher Hitze zerlassen. Das Mehl unter Rühren so lange darin erhitzen, bis es hellgelb ist.
3. Dann nach und nach die Kartoffelbrühe dazugießen, zum Kochen bringen und für 10 Min. bei schwacher Hitze ziehen lassen.
4. Die Suppe mit Salz und Fleischextrakt oder Suppenwürze abschmecken und mit Kräutern anrichten.

Salate & Dressing

Kartoffelsalat mit Feldsalat

Zutaten:

- 500 g vorwiegend festkochende Kartoffeln
- 2 mittelgroße Eier
- 1 kleine Zwiebel
- 3 Gewürzgurken
- 2 EL Gewürzgurkensud
- 2 EL Weißwein-Essig
- 3 EL Olivenöl
- 50 ml heiße Hühnerbrühe
- ½ Prise Zucker
- Salz und Pfeffer
- 50 g Feldsalat

Zubereitung:

1. Kartoffeln mit kaltem Wasser abdecken und zum Kochen bringen. Bei mittlerer Hitze 20 Min. kochen lassen. Abgießen und abkühlen lassen.
2. Eier an der stumpfen Seite anpieksen (damit verhindert man das Platzen beim Eier Kochen) und etwa 5 Min. weich kochen.
3. Abschrecken und schälen. Zwiebel würfeln, Gewürzgurken fein hacken und zusammen mit dem Gewürzgurkensud und den Eiern in eine große Schüssel geben.
4. Alles gut verrühren, damit die Eier zerkleinert werden. Essig, Olivenöl, Brühe, Salz und Pfeffer und 1 Prise Zucker unterrühren.
5. Kartoffeln schälen, in dünne Scheiben schneiden und mit dem Dressing anmachen. Feldsalat waschen und trocken schleudern. Kurz vor dem Servieren den Salat untermischen.

Peruanischer Kartoffelsalat mit Thunfisch

Zutaten:

- 800 g Kartoffeln
- 1 EL Paste aus gelber Chili
- 400 g in Öl eingelegter Thunfisch
- 1 kleine rote Zwiebel
- 175 g Mayonnaise
- 1 Avocado
- 2 Tomaten
- Saft einer Limette
- 4 Eier
- 4 EL neutrales Pflanzenöl
- Salz
- 5 Salatblätter
- 12 schwarze Oliven

Zubereitung:

1. Eier hartkochen. Kartoffeln schälen, kochen, abtropfen lassen und abkühlen lassen. Kartoffel zu Brei zerstampfen und dann mit der gelben Chilipaste (Pasta de Aji Amarillo), Limettensaft und Pflanzenöl (nicht Olivenöl) gemischt.
2. Mit Salz abschmecken und gut umrühren, dann beiseite stellen. Zwiebel schälen und würfeln. Thunfischfilets abseihen und mit Zwiebel und Mayonnaise in einer Schüssel vermischen.
3. Avocado entkernen, schälen und in Scheiben schneiden. Tomaten waschen und Scheiben schneiden. 3 Eier ebenfalls pellen und in Scheiben schneiden.
4. Hälfte der Kartoffelmischung in eine Springform füllen. Danach abwechselnd Avocado, Tomaten und Eier Scheiben und die Thunfischmischung aufeinander schichten.
5. Mit der übrigen Kartoffelmischung den Vorgang beenden. Für 1-2 Stunden in den Kühlschrank stellen und nach dieser Zeit aus der Form stürzen und in Tortenstücke schneiden. Das 4. Ei in Scheiben schneiden und mit Oliven und Salatblätter dekorieren.

Kartoffelsalat mit Thunfisch

Zutaten:

- 750 g festkochende Kartoffeln
- 3 EL Olivenöl
- 1 Zwiebel
- 2 Knoblauchzehen
- 250 ml Gemüsebrühe
- 80 ml weißer Balsamicoessig
- Pfeffer und Salz
- Prise Cayennepfeffer
- 1 Prise Zucker
- 250 g Tomaten
- 80 ml Olivenöl
- 250 g Thunfisch aus der Dose
- 150 g saure Sahne
- Saft von 1 Zitrone
- 2 hart gekochte Eier
- 1 rote Zwiebel
- Kräuterzweige zum Dekorieren

Zubereitung:

1. Kartoffel waschen, schälen und in Salzwasser für 20 Min. garen. Olivenöl in einer Pfanne erhitzen.
2. Zwiebel und Knoblauchzehen schälen, fein würfeln und glasig schwitzen.
3. Die Gemüsebrühe und den Balsamicoessig dazugießen, einmal aufkochen lassen, vom der Herdplatte. Mit Pfeffer, Salz, Zucker und Cayennepfeffer würzen.
4. Die Tomaten waschen, teilen, entkernen und das Fruchtfleisch in Würfel schneiden. Die Tomaten mit dem Olivenöl und dem Dressing zu den Kartoffeln geben und gut vermischen.
5. Thunfisch abtropfen lassen, zerpflücken und zu den Kartoffeln geben. Kurz ziehen lassen und mit Pfeffer und Salz nachwürzen.
6. Den Kartoffelsalat anrichten. Saure Sahne mit Zitronensaft verrühren und mit Salz, Pfeffer, Cayennepfeffer und Zucker würzen.
7. Die Eier pellen und würfeln, die Zwiebel schälen und in dünne Scheiben schneiden.
8. Den Kartoffelsalat mit der Sahne überziehen. Eierwürfel, Zwiebelscheiben und Kräuterzweige über den Salat verteilen.

Tomaten-Kartoffel Salat

Zutaten:

- 500 g kleine Kartoffel
- 500 g Cocktailtomaten
- 60 g Rauke
- 100 g gemischte Salatkerne (z.B. Sonnenblumenkerne. Kürbiskerne, Pinienkerne)
- 60 g getrocknete Tomaten
- 1 Knoblauchzehe
- 160 g Frischkäse Balance
- 80 ml fettarme Milch

Zubereitung:

1. Kartoffel waschen, vierteln und für 15 Min. gar kochen. Die Tomaten waschen und halbieren. Rauke ebenfalls waschen, trocken schütteln und in feine Stücke schneiden.
2. In einer Pfanne ohne Öl erhitzen und die gemischten Kerne anrösten. Die getrockneten Tomaten klein schneiden. Den Knoblauch fein hacken.
3. Für das Dressings Milch, Frischkäse, ½ geschnittene Rauke, fein geschnittenen Knoblauch Prise Salz zum Abschmecken.
4. Cocktailtomaten, Kartoffel, restliche Rauke, geröstete Kerne, getrocknete Tomaten in einer Schüssel vermischen.
5. Danach das Dressing über den Salat gießen und alles gut vermischen.

Kartoffelsalat a la France

Zutaten:

- 1 kg festkochende Kartoffeln
- 320 g geräucherte Makrelenfilets
- 2 rote Zwiebeln
- 8 EL Weißweinessig
- 100 g Kapern aus dem Glas
- 400 g Schmand
- Salz und Pfeffer

Zubereitung:

1. Kartoffeln waschen und für 20-25 Min. in Salzwasser gar kochen, danach die Kartoffel pellen und abkühlen lassen.
2. Die kalten Kartoffeln würfeln. Zwiebel schälen und ebenfalls würfeln. Die Makrelenfilets zerzupfen.
3. Makrele, Zwiebeln, Kartoffeln, Kapern, 2 EL Kapernwasser und Kartoffel in einer Schüssel vermischen und für 25 Min. einziehen lassen.
4. Mit Pfeffer und Salz würzen. Den Schmand glatt rühren und mit dem Salat vermischen.

Griechischer Bauernsalat

Zutaten:

- 220 g gekochte Kartoffeln
- 250 g Paprika
- 1 Salatgurke
- 8 Tomaten
- 3 rote Zwiebeln
- 100 g Schafskäse
- 10 Oliven
- 1 EL Senf
- 2 EL Essig
- 1 EL Olivenöl
- Knoblauch, Kräuter, Süßstoff
- Salz und Pfeffer

Zubereitung:

1. Kartoffeln, Schafskäse und das restliche Gemüse in kleine Würfel schneiden. Die Oliven in Ringe. Die Zutaten eine Schüssel geben.
2. Für das Dressing Essig, Öl, Salz, Pfeffer, Süßstoff, Knoblauch und Kräutern in einer Schale gut verrühren und den Salat damit anmachen.

Pikanter Süßkartoffelsalat

Zutaten:

- 1 Süßkartoffel ca. 450 g
- Salz und Pfeffer
- 1 Dose Kidneybohnen ca. 420 ml)
- 1 Dose Mais (kleine Dose ca. 200ml)
- 1 rote Paprika
- 1 Römersalat
- 80 g Cheddar
- 220 ml Tomatensaft
- 1 TL Weißweinessig
- Etwas Tabasco
- 2 EL Olivenöl

Zubereitung:

1. Süßkartoffel schälen, würfeln und für 10 Min. im Salzwasser garen. Herausnehmen und abkühlen lassen. Mais und Bohnen unter Wasser abspülen und abtropfen lassen.
2. Paprika waschen, entkernen und in Streifen schneiden. Cheddar in feine Scheiben schneiden.
3. Salat waschen, in mundgerechte Stücke zupfen und trocken schleudern.
4. Für das Salat-Dressing Essig, Tabasco, Öl und Tomatensaft gut verrühren und mit Pfeffer und Salz abschmecken.
5. Den Salat in eine Schüssel geben und mit dem Dressing anmachen.
6. Vor dem servieren noch die Cheddar Scheiben über den Salat verteilen.

Kartoffelsalat mit Ziegenkäse und Avocado

Zutaten:

- 1 kg festkochende Kartoffeln
- Salz und Pfeffer
- Prise Zucker
- 1 Zitrone
- 2-3 EL Weißwein-Essig
- 4-5 EL Olivenöl
- 1 reife Avocado
- 150 g Ziegenkäse
- 2 Beete Kresse

Zubereitung:

1. Kartoffeln säubern und für 30 Min. im Salzwasser gar kochen. Abschrecken, pellen und in Scheiben schneiden. Etwas Schale von der Zitrone abreiben und danach auspressen.
2. Für das Dressing 4 EL Zitronensaft, Öl, Essig, Zucker und Salz und Pfeffer in einer Schale verrühren.
3. Kartoffeln in Scheiben oder Würfel scheiben und mit dem Dressing anmachen. Für 1 Std. ziehen lassen.
4. Aus der Avocado das Fruchtfleisch herausnehmen und in Scheiben schneiden.
5. Ziegenkäse mit der Gabel grob zerbröckeln und zusammen mit den Avocadoscheiben unter den Kartoffelsalat mischen.
6. Salat nochmals abschmecken und mit Kresse bestreut servieren.

Süßkartoffeln-Salat mit Birnen

Zutaten:

- Ein paar Zitronenmelisse Blätter
- 1 Süßkartoffel
- 2 harte Birnen
- 6 EL Kürbiskernöl
- 4 EL Limettensaft
- Salz und Pfeffer
- 2 EL Kürbiskerne

Zubereitung:

1. Zitronenmelisse Blätter waschen und fein hacken. Süßkartoffeln säubern, schälen in Salzwasser gar kochen.
2. Herausnehmen abtropfen lassen und würfeln.
3. Zitronen Blätter und Kartoffelwürfel in einer Schüssel vermischen.
4. Birnen, Öl, Limettensaft, Salz und Pfeffer hinzufügen und alles erneut zerkleinern. Mit Kürbiskernen bestreuen und servieren.

Kartoffelsalat mit Pilzen

Zutaten:

- 600 g vorwiegend festkochende Kartoffeln
- 400 g gemischte Pilze (z.B. Pfifferlinge, Champignons, Kräuterseitlinge)
- 300 g Butternusskürbis
- 1 Zwiebel
- 1 roter Apfel
- 2 EL Zitronensaft
- 5 EL Olivenöl
- 3 Zweige Zitronen-Thymian
- 1 EL Butter
- Salz und Pfeffer

Zubereitung:

1. Kartoffeln in Salzwasser gar kochen, pellen und in Scheiben schneiden.
2. Pilze putzen und halbieren. Kürbis halbieren, entkernen, schälen und ebenfalls würfeln.
3. Zwiebel schälen und würfeln. Apfel schälen, entkernen und in feine Scheiben schneiden.
4. Zitronensaft und 4 EL Wasser vermischen. Apfelscheiben in das Zitronenwasser legen.
5. Den Ofen auf 120 Grad (Umluft 100 Grad) vorheizen. In einer Pfanne 4 EL Öl und die Kürbis- und Kartoffelscheiben knusprig braten. Herausnehmen und im Ofen warmhalten.
6. Thymian waschen und die Blätter abzupfen. Butter in einer neuen Pfanne zerlassen. Zwiebel, Thymian und Pilze bei starker Hitze 3-4 Min. dünsten. Mit Salz und Pfeffer würzen.
7. Apfelscheiben aus dem Zitronenwasser nehmen und mit Kartoffeln, Pilzen und Kürbis in einer Schüssel vermischen.
8. Mit Pfeffer und Salz würzen und mit dem Rest Öl beträufeln und servieren.

Kartoffelsalat mit Spinat

Zutaten:

- 120 g Babyspinat
- 1 Salatgurke
- 1 rote Paprikaschote
- 600 g festkochende Kartoffeln

Für das Dressing:

- 1 Bund Schnittlauch
- 1 grüner Apfel (säuerlich)
- 2 EL Zitronensaft
- 1 TL Senf
- 4 EL Olivenöl
- Salz und Pfeffer

Zubereitung:

1. Spinat waschen und trocknen schleudern. Gurke schälen und in Scheiben schneiden.
2. Paprika waschen und in feine Stücke schneiden. Kartoffeln schälen und in Scheiben schneiden.
3. Für das Dressing alle Zutaten in einer Schale verrühren. Schnittlauch waschen und fein hacken. Apfel schälen und in feine Würfel schneiden.
4. Apfelstücke und Schnittlauch unter das Dressing mischen, etwas salzen und pfeffern.
5. Kartoffeln, Paprika, Gurke und Spinat vermischen und mit dem Dressing den Salat anmachen.

Kartoffel-Dressing

Zutaten:

- 3 Schalotten
- 2 gekochte Kartoffeln
- 3 EL Öl
- 220 ml Wasser
- ½ TL Gemüsebrühe
- 7 EL Weißweinessig
- 1 EL Senf
- Salz und Pfeffer
- 6 Schnittlauchhalme

Zubereitung:

1. Schalotten und Kartoffeln pellen und fein würfeln. In einer Pfanne Öl erhitzen und die Kartoffeln- und Schalottenwürfel darin ca. 1-2 Min. andünsten.
2. Das Wasser dazugießen, aufkochen lassen und die Gemüsebrühe dazugießen und verrühren.
3. Für 10 Min. köcheln lassen. Die Kartoffeln in der Brühe fein zerdrücken.
4. Senf und Essig hinzufügen und alles ordentlich verrühren. Mit Salz und Pfeffer würzen.
5. Den Schnittlauch waschen, in Röllchen schneiden darüber streuen.

Süßes /Gebäck

Kartoffelbrei-Muffins

Zutaten für 6 Muffins:

- 300 g Kartoffelbrei
- 50 g geriebener Cheddar
- 50 g geriebener Parmesan
- 3 EL Crème fraîche
- 2 Frühlingszwiebeln
- 1 Ei
- Salz und Pfeffer

Zubereitung:

1. Den warmen Kartoffelbrei in eine Aluschüssel geben. Frühlingszwiebeln waschen und fein hacken. Den Käse fein reiben.
2. Alle Zutaten zum Kartoffelbrei geben und gut verrühren. Mit Salz und Pfeffer würzen.
3. Das Muffinblech einfetten und die Kartoffelmasse in die Form füllen.
4. Bei 200 Grad im vorgeheizten Backofen für ca. 15 Min. backen.

Katalanische Kartoffelplätzchen mit Marzipan

Zutaten für 20 Stück:

- 200 g mehligkochende Kartoffeln
- 220 g gemahlene Mandeln
- 200 g Zucker
- 1 Bio-Zitrone
- 1 Ei
- 120 g Pinienkerne

Zubereitung:

1. Kartoffeln im Salzwasser kochen und ausdampfen lassen. Zitrone waschen und die Schale abreiben.
2. Mandeln, Zucker und Zitronenschale miteinander vermischen.
3. Das Ei trennen, Eigelb mit dem Kartoffeln zu einer Masse stampfen.
4. Die Kartoffelmasse mit der Mandelmischung gut verrühren. Den Backofen auf 160 Grad vorheizen.
5. Die Pinienkerne auf einen Teller verteilen. In einen zweiten Teller das Eiweiß geben.
6. Aus der Mischung Kugeln mit einem Durchmesser von ca. 3 cm formen.
7. Mit einer Gabel erst ins Eiweiß tunken und danach mit den Pinienkerne rundherum verzieren.
8. Für ca. 20 Min. backen, nach Belieben die Grillfunktion einschalten, damit die Kerne leicht geröstet werden.

Omas Reibekuchen

Zutaten:

- 1 kg Kartoffeln
- 2 Zwiebeln
- 2 Eier
- Salz und Pfeffer
- Öl oder Blockfett zum Ausbacken
- Nach Belieben Apfelmuss oder Preiselbeeren

Zubereitung:

1. Die Kartoffeln schälen und in ein Tuch reiben.
2. Das Tuch durch Drehen und zusammendrücken.
3. So das die Flüssigkeit aus den Kartoffeln rausgepresst wird.
4. Die Zwiebeln schälen und ebenfalls fein reiben.
5. Kartoffeln, Zwiebeln und Eier zu einem Teig verrühren. Mit Salz und Pfeffer würzen.
6. Öl in einer großen Pfanne erhitzen und vom Teig jeweils 1-2 EL Teig hineingeben und die Reibekuchen ausbacken.
7. Mit Apfelmuss oder Preiselbeeren servieren.

Kartoffel Muffins mit Blumenkohl

Zutaten für 12 Stück:

- 350 g Blumenkohlröschen
- Salz
- 1 Zwiebel
- 200 g Kartoffeln
- 80 g Weizenmehl
- 2 TL Backpulver
- 50 ml Buttermilch
- 3 EL ÖL
- 1 Ei
- 1 EL gehackte, glatte Petersilie

Zubereitung:

1. Den Ofen auf Ober-/Unterhitze 160 Grad vorheizen. Die Vertiefungen von 1 Mini-Muffinform einfetten oder Papierbackformen hineinstellen verwenden.
2. Blumenkohlröschen in Salzwasser 5 Min. garen, abschrecken und abtropfen lassen. Blumenkohl grob pürieren. Zwiebel schälen und fein würfeln.
3. Kartoffeln schälen, reiben und gut ausdrücken. In einer Schüssel Weizenmehl und Backpulver vermischen.
4. In einer zweiten Schüssel Buttermilch, Öl und Ei verrühren und mit einer Prise Salz würzen. Zwiebel, Kartoffeln, Blumenkohl, Mehlmischung und Petersilie dazugeben und verarbeiten.
5. Den Teig in die Muffinform füllen. Im vorgeheizten Ofen ca. 30 Min. backen. 10 Min. in der Form auskühlen lassen.
6. Danach herausnehmen und auf einem Kuchengitter vollständig erkalten lassen.

Süßkartoffel-Mug Cakes

Zutaten für 2 Tassen (220 ml):

- ½ Bund Koriander
- 75 g fertig gegarte Süßkartoffel
- 40 g rote Paprikaschote
- 1 Ei
- 2 EL Olivenöl
- 60 g Mehl, mit Backpulver versetzt
- 2 EL Naturjoghurt
- 1 EL Milch
- Salz und Pfeffer
- gemahlener Cayennepfeffer
- Olivenöl für die Tassen

Zubereitung:

1. Den Koriander waschen und die Blättchen hacken. Die Süßkartoffel pellen und zerdrücken.
2. Die Paprikaschote waschen und fein würfeln.
3. Das Ei mit dem Olivenöl verquirlen. Das Mehl mit dem Joghurt und der Milch glattrühren.
4. Danach die Süßkartoffel mit dem Koriander und der Paprikaschote untermischen.
5. Mit Salz, Pfeffer und Cayennepfeffer pikant abschmecken.
6. 2 Tassen mit Olivenöl einfetten. Den Teig in die Tassen füllen.
7. Den Backofen auf 180 Grad vorheizen und die Cakes auf der mittleren Schiene ca. 25 Min. backen.

Skandinavischer Kartoffelkuchen mit Zitronensauce

Zutaten:

- 200 g gekochte Kartoffeln
- 1 Bio-Zitrone
- 100 g weiche Butter
- 200 g Zucker
- 4 Eier
- 150 g geriebene Mandeln

Für die Zitronensauce:

- 2 Eigelbe
- 3 EL Puderzucker
- 200 g Schlagsahne
- Etwas Saft von der Zitrone

Zubereitung:

1. Den Backofen auf 180 Grad (Ober- und Unterhitze) vorheizen. Die Kartoffeln schälen und in eine Schüssel pressen. Die Zitrone heiß abwaschen und 1 TL Zitronenschale abreiben.
2. Danach die Zitrone auspressen und den Saft beiseite stellen. Die Eier trennen. Zucker und Butter schaumig rühren. Die Eigelbe aufeinanderfolgend unterrühren.
3. Kartoffel, Zitronenschale und Mandeln unter die Mischung heben. Die Eiweiße mit einer Prise Salz ca. 4 Min. lang steif schlagen.
4. Danach den Eischnee langsam unter den Kartoffelteig rühren. Eine 26er Springform einfetten. Den Teig hineinfüllen und glattstreichen. Die Form in den vorgeheizten Backofen stellen und für 40 Min. backen.
5. Für die Sauce die Eigelbe in einer Schüssel geben und Puderzucker, Sahne und Zitronensaft dazugeben, alles gut verrühren, bis eine cremige Flüssigkeit entsteht.
6. Die Sauce bis zum Servieren kalt stellen. Den Kuchen aus der Form stürzen und komplett auskühlen lassen. Mit etwas Puderzucker bestäuben und mit der Sauce servieren.

Fluffiges Kartoffelbrot

Zutaten:

- 300 g mehligkochende Kartoffeln
- Salz
- 600 g Mehl (Type 550)
- 42 g frische Hefe
- 1 TL Zucker
- 175ml lauwarmes Wasser
- 4 EL Olivenöl
- 1 Ei
- 2 TL Salz

Zubereitung:

1. Kartoffel waschen und im Salzwasser gar kochen. Danach die Kartoffeln pellen und durchpressen. Mehl in eine große Schüssel geben und eine Vertiefung hineindrücken.
2. Hefe zerdrücken und mit Zucker und lauwarmen Wasser vermischen. Mit etwas Mehl bestäuben und zugedeckt an einen warmen Ort für 15 Min. ziehen lassen.
3. Öl, Ei, Salz und Kartoffelbrei dazugeben und alles gut verkneten. Sollte der Teig zusammenfallen, etwas mehr Wasser dazu geben! Für weitere 50 Min. den Teig zugedeckt an einen warmen Ort stellen.
4. Danach den Teig gut durchkneten und zu einem Laib Brot formen. Mit etwas Mehl bestäuben und auf ein mit Backpapier belegtes Backblech legen.
5. Mit der Gabe oben drauf etwas einstechen. Für weitere 35 Min. den Teig ziehen lassen. Den Backofen auf 200 Grad Ober- und Unterhitze (Umluft 180 Grad) vorheizen.
6. Das Brot in den Backofen geben und ca. 35-40 Min. goldbraun backen. Herausnehmen und vollständig auskühlen lassen.

Danksagung

Bevor Sie das Buch zuklappen, möchte ich mich ganz herzlich bei Ihnen bedanken. Mir ist klar, dass es auf dem Markt viele Bücher zum Thema Kartoffel gibt und Sie haben sich für dieses Buch entschieden. Dafür bin ich sehr dankbar und hoffe, dass Sie zufrieden sind mit den Rezepten auch ohne Bilder. Des Weiteren freut es mich, dass Sie sich die Zeit genommen haben und das Buch bis zum Ende gelesen haben. Ich wünsche Ihnen viel Spaß beim Zubereiten und Genießen.

In diesem Sinne alles Gute Ihre Martina Kahl

Impressum

1. Auflage

Kontakt: Stefan Klock, Offenbacher Str. 144, 63263 Neu-Isenburg
Covergestaltung: Markus Seitz
Coverfoto: depositphotos.com